HF325784

OBSERVATIONS
D'HISTOIRE NATURELLE,
FAITES
AVEC LE MICROSCOPE.

TOME PREMIER.

OBSERVATIONS

D'HISTOIRE NATURELLE,

FAITES

AVEC LE MICROSCOPE,

Sur un grand nombre d'Infectes , & fur les Animalcules qui fe trouvent dans les liqueurs préparées , & dans celles qui ne le font pas , &c. avec la Defcription & les Ufages des différens Microfcopes , &c.

Partie déjà publiées par feu M. JOBLOT, Profeffeur en Mathématiques de l'Académie de Peinture & de Sculpture : partie rédigées fur fes Obfervations poftérieures.

Avec un grand nombre de Figures.

TOME PREMIER.

A PARIS,

Chez BRIASSON , Libraire , rue Saint Jacques , à la Science.

M. DCC. LIV.

AVEC APPROBATIONS ET PRIVILEGE DU ROY.

AVERTISSEMENT
DE L'EDITEUR.

FEU M. JOBLOT fit imprimer en 1716 fon Livre intitulé *Defcription de plufieurs nouveaux Microfcopes , avec des Obfervations fur une grande multitude d'Infeétes qui naiffent dans 'es liqueurs , &c.* Les applaudiffemens que reçut cet Ouvrage, engagerent l'Auteur à continuer fes recherches fur l'Hiftoire naturelle , & à travailler fans relâche à perfec-tionner fes Microfcopes. Il mit par écrit fes opérations nou-velles & fes obfervations microfcopiques ; & il efpéroit s'en fervir pour améliorer la feconde édition de fon Livre , qu'il préparoit lorfque la mort l'interrompit. Les embarras qui fuivent toûjours ces fortes d'évenemens , ont fait oublier long-temps ce manufcrit , qui à la fin , après des traverfes fans nombre , nous eft heureufement parvenu ; & nous avons crû rendre un fervice important au Public , de donner nos foins à le mettre en ordre & à le faire imprimer. Nous n'a-vons rien ajoûté de nous à ce que l'Auteur avoit préparé , que quelques notes dans les endroits où elles nous ont paru néceffaires.

L'Auteur a beaucoup enrichi la partie de fes obfervations fur les Infeétes & fur l'Hiftoire naturelle ; il femble avoir prévû que le temps d'écrire fur cette Science étoit arrivé : car avant lui peu d'Auteurs parmi nous s'étoient appliqués à cette matiere. Pour fuivre en quelque forte ce qui lui étoit fi heureufement infpiré , & l'ordre où il nous a paru nécef-faire de difpofer les matieres , nous avons placé dans le pre-mier Volume toutes les obfervations fur l'Hiftoire naturelle & fur les Infeétes , en commençant par les animaux les plus gros , tels que le Pou , la Puce , la Mouche , &c.

Ceux qui font bien inférieurs en petiteffe , & que nous appellons *animaux microfcopiques ,* parce qu'ils s'échappent à l'œil , & qu'on ne peut les appercevoir qu'à l'aide du Mi-crofcope , compofent la feconde partie du Tome premier. On trouve à la fuite quelques Chapitres fur les Plantes &

les Sels, avec les figures qui y font relatives. La plus grande partie de ce Tome premier eft du manufcrit de l'Auteur, le refte avoit paru dans fon Livre en 1716.

Le Tome fecond eft tout deftiné aux Microfcopes, à leur ufage & à leur conftruction ; il eft auffi divifé en deux parties, & fuivi de beaucoup de figures. Il y a beaucoup de chofes nouvellement traitées par l'Auteur, ainfi qu'au Tome premier ; le refte avoit vû le jour avec une partie du précédent Volume.

Pour conferver à M. JOBLOT tout ce qui lui appartient, nous donnerons à la fuite de notre Avertiffement, celui qu'il donna lui-même au-devant de fon Livre en 1716 ; & nous ferons imprimer à la fuite l'Approbation dont l'Académie de Peinture & de Sculpture décora fon Livre pour lors.

AVERTISSEMENT
DE L'AUTEUR.

Ne partie de cet Ouvrage n'est, à proprement parler, qu'une espece de Journal des observations que j'ai faites sur une multitude infinie de très-petits animaux, dont la plus grande partie est invisible à la portée ordinaire de nos yeux.

La facilité que j'ai trouvée dans l'usage de mes nouveaux Microscopes, m'a conduit insensiblement plus loin que je ne pensois, & m'a fait descendre dans un détail dont il n'y a que ceux qui sont accoûtumés à suivre la Nature dans ses opérations, qui connoîtront tout le prix. Ils sçavent par expérience que trop de négligence sur des circonstances qui ne semblent présenter rien de considérable, a souvent privé les Physiciens du fruit qu'ils auroient tiré d'une plus exacte application.

J'ai ajoûté à mes observations des conjectures sur les productions des différentes especes de petits animaux qui se trouvent dans les liqueurs : je ne puis applaudir à ceux qui les attribuent à la putréfaction.

Cette opinion eſt d'autant moins concevable, que ce feroit abandonner aux irrégularités du haſard, des Ouvrages qui ſe font toûjours dans un ordre qu'on ne peut jamais aſſez admirer. J'en ai donc ſubſtitué une autre, qui me ſemble répondre nettement à la multitude preſqu'infinie de toutes mes expériences.

On trouvera à la ſuite de mes obſervations, un traité ſur la conſtruction & les uſages de pluſieurs Microſcopes plus commodes & plus parfaits qu'aucuns de ceux qui ſont venus juſqu'à préſent à ma connoiſſance. On les voit mis en perſpective ſur un grand nombre de Planches, avec les plans & les profils qui ſont néceſſaires pour en bien faire comprendre la méchanique & l'uſage. Il y a deux ou trois de ces Microſcopes qui ſont d'une étendue preſqu'univerſelle, & particulierement celui qui a été repréſenté dans les Planches 20 & 21, Tome 2, ſur lequel on pourra monter en très-peu de temps & tout de ſuite, non-ſeulement des lentilles de différens foyers, mais auſſi de très-petits Microſcopes à deux & à trois verres, depuis un pouce de longueur juſqu'à trois, dont les plus courts ont des avantages conſidérables, comme de faire paroître les objets dans leur ſituation droite ou naturelle, en les repréſentant clairement & diſtinctement ; faiſant d'ailleurs l'office de pluſieurs loupes de différens foyers, & tellement conſtruits, que la lentille objective y devient oculaire quand on veut, ſans changer ſenſiblement la diſtance des deux verres qui le compoſent, ni le lieu qu'ils occupent dans la monture.

Et

Et à ce dernier Microscope universel on pourra
très-facilement & sans embarras appliquer des poiſſons de différentes longueurs & groſſeurs , & même
de diverſes eſpeces , comme des Têtards , des Gre-
nouilles , des Lamproies , des Anguilles , des Bro-
chetons , des Tanches , des Carpes , des Goujons ,
&c. en la queue deſquels , & ailleurs , on aura le
plaiſir de voir les divers mouvemens du ſang dans
des vaiſſeaux diverſement courbés , formant entr'eux
comme des ſyphons dont les branches ſe rencontrent
de telle maniere , qu'elles forment tantôt un arc de
cercle , tantôt un angle droit , tantôt un obtus ou
un aigu.

On y verra de plus de deux ſortes de vaiſſeaux de
traverſes très-menus & très-courts , ſitués différemment entre deux plus gros vaiſſeaux qui ſont paralleles entr'eux , de l'un deſquels on voit le ſang s'é-
chapper par ces vaiſſeaux de traverſe , pour paſſer
dans l'autre à angles droits , aigus ou obtus : & il
faut remarquer qu'on ne voit dans ces vaiſſeaux ni
anaſtomoſes ni valvules qui empêchent le ſang de
retourner en arriere.

Toutes ces diverſes obſervations , & pluſieurs autres dont je ne parle point ici , ne peuvent être con-
firmées que par un grand nombre d'expériences réi-
térées , & faites avec beaucoup de ſoin ſur les divers
ſujets dont on vient de parler ; & j'eſpere que l'uſage
des Microſcopes ſe répandant de plus en plus , on
découvrira par la ſuite des choſes nouvelles , & plus
ſingulieres peut-être que je n'ai pû faire.

Outre les nouveaux Microfcopes dont je parle, je donne encore des deffeins & des explications de plufieurs autres que j'ai perfectionnés, en étendant leurs ufages fans en augmenter confidérablement la dépenfe. On verra, par exemple, dans la dixieme Planche, Tome 2, le deffein d'un Microfcope à tiges qui n'eft pas de mon invention ; mais les additions & les changemens que j'ai jugé à propos d'y faire, pourront peut-être plaire à ceux qui ont quelqu'eftime pour cet inftrument, que nous faifons fervir aux obfervations des animaux de plufieurs liqueurs.

En corrigeant quelques défauts des Microfcopes à canon de verre, qui ont encore été nommés *tombeaux*, j'en ai auffi étendu l'univerfalité plus loin qu'on n'avoit fait jufqu'à préfent.

On parle de plus d'un petit Microfcope à trois verres, Planche 15, Tome 2, qui peut auffi fervir à deux verres convexes des deux côtés, en fupprimant celui du milieu, avec lequel on fera, fi l'on veut, en un moment une petite lunette d'approche qui fera paroître les objets dans leur fituation droite ou naturelle.

Le même verre du milieu de ce Microfcope, & fon oculaire, étant placés, comme on le dit, dans fon lieu, ferviront à faire une petite lunette d'approche qui fera voir les objets dans une fituation toute contraire à la précédente, n'employant pour cela que le corps du Microfcope même avec ce qu'il contient ; & ce même inftrument étant monté fur un pié qui lui convienne , pourra encore fervir à rendre vifibles les animaux de quelques liqueurs , & la circulation du fang dans la queue & ailleurs , de tous les poiffons qui feront d'une grandeur & d'une groffeur commode pour être appliqués fans peine à cette petite machine.

En expliquant les ufages de chacun des Microfcopes qui font repréfentés dans le Tome fecond , j'ai dit la maniere de préparer une même chofe différemment pour y être appliquée & obfervée. Ces répetitions m'ont paru néceffaires en ces endroits , puifqu'elles fervent à rendre l'ufage de ces machines plus univerfel , & à fatisfaire ceux qui ne veulent avoir qu'un feul Microfcope , accompagné d'une explication fuffifamment étendue pour les inftruire des ufages qu'ils en peuvent efpérer.

L'Hiftoire anatomique de la plûpart des animaux nouvellement découverts , donne lieu d'efpérer que cet Ouvrage pourra être agréable au Public , tant par fa nouveauté , que par l'utilité que les Phyficiens , les Medecins , les Chirurgiens , les Anatomiftes , les Chymiftes & d'autres perfonnes en pourront retirer. D'ailleurs la partie inftructive fur les Microfcopes & leur ufage , fera très-utile aux Deffinateurs , Peintres , Graveurs , Fabricateurs d'inftrumens de Mathématiques ; aux Jouailliers , Lapidaires ; aux Médailliftes , Antiquaires ; aux Vérificateurs d'écritures , Horlogeurs , Lunetiers , &c. puifque par le fecours des verres de nos Microfcopes , les Artiftes dont on parle auront l'avantage de dé-

couvrir jufqu'aux moindres défauts de leurs Ouvrages , & même le moyen de les éviter , ou du moins
d'approcher de plus près du point de perfection ; ce
qu'ils ne pourroient faire fans ce fecours.

Je n'ai pû décrire les petits animaux qui fe trouvent dans toutes les infufions dont j'ai parlé , fans
leur donner des noms qui en fiffent connoître la différence. Pour cet effet j'ai cherché dans la Nature
des chofes qui me fuffent affez connues , & qui euf-
fent quelque rapport de reffemblance avec les poiffons que j'ai vûs dans mes liqueurs , pour leur donner les mêmes noms qu'on a donnés à ces diverfes
chofes : mais n'ayant pas toûjours été affez heureux
pour rencontrer de quoi me fatisfaire , fans doute
faute d'avoir une connoiffance affez étendue des divers êtres de la Nature , j'ai été contraint de nommer
d'autres poiffons autrement , en leur donnant des
noms qui en marquaffent les inclinations particulieres ,
ou leurs mouvemens les plus ordinaires : ainfi j'ai
nommé les premiers *Cornemufes , Ovales , Chenilles
aquatiques , Entonnoirs , Poules hupées , Rognons* , &c.
& j'ai donné aux autres les noms d'*Aveugles* , de
Piroüetteurs , de *Goulus* , d'*Inconflans* , de *Bouffons* ,
d'*Elégans* , &c.

{ Enfin on verra une Differtation fur la maniere donc
les objets font vûs dans les Microfcopes & dans les
lunettes d'approche , contenant plufieurs expériences nouvelles , qui donnent occafion de fe déterminer en faveur de la meilleure des deux opinions
qu'on s'y propofe.

« Je ne veux pas finir cet Avertissement sans in-
» viter mes Lecteurs à faire avec moi la réflexion que
» l'application aux matieres traitées dans cet ouvra-
» ge, m'a occasionnée. Les plus petits ouvrages des
» mains de Dieu ne sont petits que par leur peu de
» volume ; mais ils n'en sont pas moins pour cela
» des preuves éclatantes de sa puissance suprême &
» de sa sagesse infinie. Rien n'est petit ou grand que
» par comparaison ; & le moindre moucheron an-
» nonce au moins aussi énergiquement la grandeur
» de Dieu que la Baleine & l'Eléphant ; ou, s'il y a
» quelque différence, elle est à l'avantage des ani-
» malcules, dont l'organisation, aussi parfaite dans
» leur petitesse que celle des plus gros animaux dans
» leur grosseur, étonne encore plus l'imagination ».

APPROBATION.

J'AI lû par ordre de Monseigneur le Chancelier, un Ouvrage
intitulé *Observations d'Histoire naturelle*, par P. JOBLOT, &c.
dans lequel je n'ai rien trouvé qui puisse en empêcher l'impression.
A Paris ce 29 Octobre 1754. P. DEMOURS.

PRIVILEGE DU ROI.

LOUIS, par la grace de Dieu, Roi de France & de Navarre :
A nos amés & féaux Conséillers, les Gens tenans nos Cours
de Parlement, Maîtres des Requêtes ordinaires de notre Hôtel,
Grand-Conseil, Prevôt de Paris, Baillis, Sénéchaux, leurs Lieute-
nans Civils, & autres nos Justiciers qu'il appartiendra, SALUT.
Notre amé ANTOINE-CLAUDE BRIASSON, Libraire à Paris,
ancien Adjoint de sa Communauté, nous a fait exposer qu'il desire-
roit faire imprimer & donner au Public un Ouvrage qui a pour
titre *Observations d'Histoire naturelle*, s'il Nous plaisoit lui accorder
nos Lettres de permission pour ce nécessaires. A CES CAUSES,
voulant favorablement traiter l'Exposant, Nous lui avons permis
& permettons par ces Présentes, de faire imprimer ledit Ouvrage
autant de fois que bon lui semblera ; & de le vendre, faire vendre
& débiter par tout notre Royaume pendant le tems de trois années
consécutives, à compter du jour de la date des Présentes. Faisons
défenses à tous Imprimeurs, Libraires & autres personnes, de quelque qualité & condition qu'elles soient, d'en introduire d'impression
étrangere dans aucun lieu de notre obéïssance ; à la charge que ces
Présentes seront enregistrées tout au long sur le Registre de la Communauté des Imprimeurs & Libraires de Paris, dans trois mois de la
date d'icelles ; que l'impression dudit Ouvrage sera faite dans notre
Royaume & non ailleurs, en bon papier & beaux caracteres, conformément à la feuille imprimée, attachée pour modele sous le
contre-scel des Présentes ; que l'Impétrant se conformera en tout
aux Réglemens de la Librairie, & notamment à celui du dixieme
Avril mil sept cent vingt-cinq ; qu'avant de l'exposer en vente, le
Manuscrit qui aura servi de copie à l'impression dudit Ouvrage,
sera remis dans le même état où l'Approbation y aura été donnée,
ès mains de notre très-cher & féal Chevalier, Chancelier de France,
le Sieur DE LAMOIGNON ; & qu'il en sera ensuite remis deux
Exemplaires dans notre Bibliotheque publique, un dans celle de
notre Château du Louvre, & un dans celle de notredit très-cher &
féal Chevalier, Chancelier de France, le Sieur DE LAMOIGNON,

& un dans celle de notre très-cher & féal Chevalier, Garde des
Sceaux de France, le Sieur DE MACHAULT, Commandeur de nos
Ordres : le tout à peine de nullité des Préfentes, du contenu defquelles vous mandons & enjoignons de faire jouir ledit Expofant &
fes ayans caufe pleinement & paifiblement, fans fouffrir qu'il leur
foit fait aucun trouble ou empêchement. Voulons qu'à la copie des
Préfentes, qui fera imprimée tout au long au commencement ou à
la fin dudit Ouvrage, foi foit ajoûtée comme à l'original. Comman-
dons au premier notre Huiffier ou Sergent fur ce requis, de faire
pour l'exécution d'icelles tous actes requis & néceffaires, fans de-
mander autre permiffion, & nonobftant clameur de Haro, Charte
Normande, & Lettres à ce contraires : CAR tel eft notre plaifir.
Donné à Verfailles le huitieme jour du mois de Février, l'an de
grace mil fept cent cinquante-cinq, & de notre Regne le quarantie-
me. Par le Roi, en fon Confeil. *Signé* PERRIN.

*Regiftré fur le Regiftre XIII. de la Chambre Royale des Libraires &
Imprimeurs de Paris, Num. 472. Fol. 363. conformément aux anciens
Réglemens, confirmés par celui du 28 Février 1723. A Paris le 14
Février 1755. Signé* DIDOT *, Syndic.*

OBSERVATIONS
D'HISTOIRE NATURELLE,
FAITES
AVEC LE MICROSCOPE.

PREMIERE PARTIE.

CHAPITRE I.

Introduction ou Discours sur l'utilité des Microscopes.

U N des plus grands obstacles (disent les Auteurs du Journal des Sçavans, 1666) qui se soit rencontré au progrès de la science naturelle , c'est que les Anciens s'étant entierement occupés à perfectionner le raisonnement, ont négligé la connoissance des sens, & ont mieux

Tome I. Part. I.   A

» aimé deviner la plûpart des choses que de les voir. Cepen-
» dant comme l'ame ne connoît rien que par l'entremise des
» organes du corps , les opérations des sens ne servent pas
» moins pour acquérir une parfaite connoissance de la Nature,
» que celles de l'esprit ; elles sont même d'autant plus néces-
» saires , que la sagesse de Dieu étant infiniment au-dessus de
» la portée de notre imagination , il est beaucoup plus facile
» de connoître ce qu'il a fait , que de s'imaginer ce qu'il a
» voulu faire.

» Pour remédier à ce défaut les Modernes ayant travaillé
» à perfectionner l'opération des sens , particulierement de
» celui de la vûe , qui est le plus nécessaire de tous , comme
» il est le plus noble , ont inventé deux sortes de lunettes ;
» le Télescope pour approcher les objets qui sont invisibles
» à cause de leur éloignement ; & le Microscope pour grossir
» ceux qui sont imperceptibles à cause de leur petitesse : &
» avec ces deux instrumens ils ont découvert plus de choses
» en peu d'années, que les Anciens n'avoient fait avec tous
» leurs raisonnemens pendant le cours de plusieurs siecles.
» Par ce moyen toute la Nature nous a paru nouvelle ; car
» le Télescope nous a fait voir dans le ciel de nouveaux mou-
» vemens , de nouvelles étoiles & de nouveaux météores ;
» & le Microscope nous a découvert sur la terre un petit
» monde tout nouveau , & nous a fait appercevoir dans cha-
» que chose une infinité de petites créatures qui ne sont pas
» moins admirables que toutes celles qu'on avoit connues
» jusqu'à présent.

» L'ingénieux M. Hook ayant fait plusieurs observations
» très-curieuses avec l'un & l'autre de ces instrumens , mais
» particulierement avec le Microscope , les a ramassées en-
» semble , & les a communiquées au Public dans un livre
» qu'il a intitulé *Micrographie* , c'est-à-dire , description des
» petits corps , parce qu'il y examine principalement ce qu'il
» y a de plus petit dans la Nature.

» Il commence par la pointe d'une aiguille très-fine , qui ,
» bien qu'elle semble imperceptible , paroît avec le Microsco-
» pe dont il s'est servi , large comme la quatrieme partie d'un
» pouce. L'extrémité de cette pointe ne se termine pas en

» cone , comme l'on s'imagine ; elle n'est pas non plus ni
» ronde ni plate, mais elle est obtuse, inégale & irréguliere,
» & ressemble à une cheville dont on auroit rompu le bout.
» De plus ses côtés ne sont pas unis, comme nos yeux nous
» les représentent , mais raboteux , & pleins de cavités &
» d'éminences.

» Il dit aussi qu'ayant considéré avec son Microscope le
» tranchant d'un rasoir bien affilé , il l'a vû épais comme le
» dos d'un canif, & y a remarqué plusieurs dents : que la
» surface d'une glace de miroir bien polie, lui a paru au soleil
» pleine de raies , & composée d'une infinité de corps iné-
» gaux qui réfléchissoient une lumiere de plusieurs couleurs
» différentes : & que les points les mieux faits , qui servent
» dans les livres imprimés à la séparation des périodes , ne
» paroissent pas plus ronds que des chataignes ; & il ne s'en
» faut pas étonner, parce que les limes , les pierres , & les
» autres choses dont on se sert pour polir ou pour arrondir ,
» étant composées de parties inégales , il faut nécessairement
» qu'elles laissent aussi plusieurs inégalités sur la surface des
» corps sur lesquels elles agissent.

» Il a encore examiné de la toile très-fine , dont les fils au-
» travers du Microscope lui ont paru aussi gros que des cor-
» des ; & il a observé que ce qui rend ces toiles deliées si trans-
» parentes , c'est qu'il y a entre les fils quantité de trous pres-
» que semblables aux treillis qu'on met aux jalousies.

» Il a reconnu que les ondes qui paroissent dans plusieurs
» étoffes de soie , viennent de ce qu'il y a dans ces étoffes
» des parties plus élevées les unes que les autres , qui causent
» une différente réflexion de lumiere : & il a remarqué dans
» les siphons & dans les larmes de verre , plusieurs choses
» curieuses que l'on peut voir dans son ouvrage , mais qu'il
» seroit trop long de rapporter ici.

» Après avoir parlé des ouvrages de l'Art , il vient à ceux
» de la Nature , auxquels le Microscope est beaucoup plus
» avantageux qu'aux autres: car il y a cette différence en-
» tr'eux , que les ouvrages de l'Art étant toûjours fort im-
» parfaits , ne veulent être vûs que de loin ; & plus on les
» considere exactement, plus on y trouve de défauts. Mais

» comme les ouvrages de la Nature font des effets d'une fa-
» geſſe infinie , ils ne craignent point d'être examinés , &
» paroiſſent toûjours d'autant plus admirables , qu'on les re-
» garde de plus près. M. Hook en donne dans ſon livre plu-
» ſieurs deſcriptions , dont il n'y en a pas une qui ne ſoit ſur-
» prenante ; mais comme je ne les peux pas ici rapporter
» toutes , j'en remarquerai ſeulement quelques-unes des plus
» curieuſes.

1. » Il fait la deſcription du pié d'une mouche : il expli-
» que pourquoi ces petits animaux peuvent ſe ſuſpendre con-
» tre le haut d'un plancher , & ſe promener ainſi ſans tomber.
» Quelques-uns ont crû que leurs piés étoient pleins d'une
» humeur gluante , par le moyen de laquelle elles demeurent
» attachées à tout ce qu'elles touchent ; mais la véritable
» raiſon eſt , comme l'on a reconnu avec le Microſcope ,
» que les mouches ont au bout de chaque pié deux griffes
» qui entrent facilement dans les plus petits pores de toutes
» ſortes de corps ; & que de plus les plantes de leurs piés ſont
» couvertes d'une infinité de petits poils ou pointes ſembla-
» bles aux peignes des Cardeurs , avec leſquelles elles s'at-
» tachent facilement aux moindres inégalités des corps les
» mieux polis.

Planche 1.   2. » Il n'y a rien de ſi vilain qu'un pou ; & cependant la
» maniere dont il nous eſt repréſenté par le Microſcope , eſt
» auſſi curieuſe que cet inſecte eſt hideux en lui-même. En
» voici la figure , que j'ai fait graver exactement de la même
» maniere que M. Hook l'a deſſinée , afin de montrer préci-
» ſément comme on la voit avec le Microſcope ; & ce qui
» me l'a fait particulierement choiſir entre pluſieurs autres ,
» c'eſt qu'étant la plus grande de toutes celles qui ſont dans
» ce livre , & ayant plus d'un demi-pié de longueur , elle
» fait mieux voir que les autres juſqu'à quel point cet inſtru-
» ment peut groſſir les objets.

» Cette figure qui repréſente un pou couché ſur le dos ,
» & tenant un cheveu avec ſes pattes , fait beaucoup mieux
» comprendre que le diſcours quelle eſt la forme de cet in-
» ſecte. Il a les yeux *B B* placés derriere les cornes *C C* ,
» tout au contraire des autres animaux , de peur que , comme

» il n'a point de paupieres, les cheveux au-travers defquels
» il paffe, ne lui bleffaffent continuellement la vûe. A l'en-
» droit marqué *E*, il femble qu'il y ait quelqu'apparence de
» mâchoires. Ses pattes font couvertes d'une écaille, comme
» celles des écreviffes, & ont deux griffes *a b*, avec lef-
» quelles il embraffe le cheveu *F F*, lorfqu'il fe promene fur
» la tête. Il a fur la poitrine une fubftance déliée & tranfpa-
» rente, femblable à de la corne, au-travers de laquelle on
» voit que la tache blanche *I I*, qui eft peut-être le foie de
» cet infecte, eft agitée d'un mouvement continuel. M.
» Hook ayant enfermé dans une boîte un de ces animaux
» pendant deux jours fans lui rien donner à manger, &
» l'ayant enfuite mis fur fa main, cet infecte enfonça fon
» mufeau *D* dans la peau, fans qu'il femblât ouvrir aucune
» forte de gueule, & auffi-tôt on apperçut un petit ruiffeau
» de fang qui paffoit directement & promptement de fon
» mufeau dans fon ventre, par le moyen d'une efpece de
» pompe qui étoit à l'endroit marqué *A*, & qui fembloit
» être le cœur ou le poumon. Au-travers de l'écaille de la
» poitrine on voyoit manifeftement plufieurs vaiffeaux s'en-
» fler par ce fang, qui étoit porté & diftribué en diverfes
» parties. M. Hook remarque que la digeftion fe fait dans
» le corps de cet infecte avec une merveilleufe promptitude,
» car on voyoit le fang noir & épais, lorfqu'il le fuçoit ;
» quand il étoit dans fes boyaux, il paroiffoit d'un beau rou-
» ge, & la partie qui étoit diftribuée dans les veines, étoit
» toute blanche. Il ajoûte que bien que fon mufeau *D* ne fût
» pas plus long que la vingt-cinquieme partie d'une ligne,
» & qu'il ne l'enfonçât pas encore tout entier dans la peau,
» néantmoins on en voyoit fortir du fang : d'où il s'enfuit
» qu'il y a du fang non-feulement dans la peau, mais même
» jufque dans la cuticule.

3. » La ftructure de l'aiguillon d'une mouche, qui eft re-
» préfenté dans la deuxieme figure (Pl. 1. fig. 2.), n'eft pas
» moins merveilleufe. Il eft compofé de deux parties, dont
» la premiere *d b* a plufieurs nœuds ou jointures *f g h i*, &
» outre cela plufieurs piquans *p q r s t*, qui reffemblent par-
» faitement aux griffes d'un chat, & que la mouche étend

» ou refferre quand elle veut. L'autre partie eft la pointe de
» l'aiguillon *a*, qui eft enfermée dans la premiere, comme
» une épée dans fon fourreau, & qui eft auffi armée de cha-
» que côté de plufieurs griffes *v x y*. Ce font elles qui arrê-
» tent l'aiguillon dans la plaie que la mouche a faite, & qui
» empêchent qu'elle ne le puiffe retirer. Mais ce qui fait prin-
» cipalement la douleur, c'eft une liqueur corrofive & ve-
» néneufe qui eft renfermée dans le fourreau; & qui étant
» pouffée dans la plaie, ronge les fibres & caufe l'inflamma-
» tion.

4. » La feuille d'ortie a beaucoup de rapport avec l'aiguil-
» lon; car cet Auteur remarque qu'elle eft couverte de pi-
» quans très-aigus, dont la bafe, qui eft un petit fac ou vef-
» fie d'une fubftance flexible, & prefque de la figure d'un
» concombre fauvage, enferme une liqueur acre & vené-
» neufe; mais la pointe eft d'une fubftance très-dure & très-
» forte, & a un trou au milieu, par lequel cette liqueur
» venéneufe fe coule dans la partie qui eft piquée, & y ex-
» cite de la douleur: ce qu'on peut aifément appercevoir
» avec un bon Microfcope, fi l'on preffe du doigt le bout de
» ces piquans contre la bafe; car pour lors au-travers de ces
» piquans, qui font tranfparens, on voit manifeftement mon-
» ter & defcendre cette liqueur, comme M. Hook affûre en
» avoir fouvent fait l'expérience.

5. » Cet Auteur ayant examiné avec le Microfcope plu-
» fieurs de fes cheveux, a trouvé qu'ils étoient tous prefque
» ronds; que par le bout ils étoient plus gros que vers la ra-
» cine; que depuis un bout jufqu'à l'autre ils paroiffent tranf-
» parens comme de la corne, & qu'on ne voit point de fila-
» mens dans leur racine, comme dans celle de plufieurs
» plantes. Il ajoûte qu'ils font folides, & qu'il n'y a pû dé-
» couvrir aucune cavité, non plus que dans les foies des co-
» chons; mais que la barbe d'un chat étant coupée, a, de
» même que le fureau, une large moëlle dans le milieu,
» comme elle eft repréfentée dans la figure (Pl. 1. fig. 3.)
» Le tiffu en eft néanmoins fi ferré, qu'on n'y fçauroit apper-
» cevoir aucune apparence de pores.

6. » Comme les opinions des Philofophes font fort diffé-

» rentes touchant la maniere dont le feu est produit lorsqu'on
» bat le fusil , cet Auteur a fait plusieurs expériences pour en
» reconnoître la vérité. Ayant donc à ce dessein battu le
» fusil sur une feuille de papier blanc , il a trouvé à l'endroit
» où les étincelles étoient tombées , de petites taches noires ,
» mais lumineuses ; & les ayant considérées chacune en par-
» ticulier avec un bon Microscope , il a reconnu que c'étoient
» de petites boules rondes & brillantes , entre lesquelles il y
» en avoit deux différentes des autres , dont l'une étoit atta-
» chée par un bout à un petit morceau d'acier assez long ;
» l'autre n'étoit qu'une petite lame d'acier fort déliée. Là-
» dessus cet Auteur fait plusieurs raisonnemens , & enfin il
» conclut que ces étincelles ne sont autre chose que des par-
» ticules d'acier ou de caillou qui sont quelquefois seulement
» rougies , d'autres fois fondues , & souvent même vitrifiées,
» selon les différens degrés de chaleur que le mouvement pro-
» duit : & pour confirmer cette opinion il dit qu'ayant passé
» la limaille d'acier sur la flamme d'une chandelle , il en vit
» tomber des particules brillantes , semblables à des étincel-
» les de fusil , si ce n'est qu'elles étoient un peu plus grosses.

7. » Mais il n'y a rien de plus admirable , ni qui fasse
» mieux voir l'excellence du Microscope , que ce que cet
» Auteur dit de la moisissure. On ne croiroit jamais que ce
» fût un amas de petites plantes ; que toutes les choses qui
» paroissent moisies , fussent autant de petits prés émaillés de
» diverses fleurs. Cependant M. Hook assure qu'ayant re-
» gardé avec le Microscope une tache de moisissure qui étoit
» sur la couverture d'un livre , il a vû distinctement que c'é-
» toit une touffe de fleurs , comme elle est représentée par
» la figure (Pl. 2.) Les unes avoient des boutons ronds , &   Planche 2.
» qui sembloient n'être pas ouverts ; les autres étoient à demi
» épanouies : quelques-unes étoient tout-à-fait fleuries , &
» il y en avoit dont le bout paroissoit être rompu , comme
» si elles eussent commencé à défleurir. Quoiqu'elles fussent
» très-proches les unes des autres , chacune avoit sa racine à
» part. Leurs tiges étoient rouges , longues , cylindriques ,
» & transparentes. Leur substance étoit fort tendre , & pres-
» que semblable à celle des champignons ; car en les touchant

» avec une épingle, elles se rompoient facilement ; & ayant
» été mises à la flamme de la chandelle trois ou quatre fois,
» elles demeuroient en leur entier. Pour leur odeur, elle
» étoit forte & desagréable, aussi-bien que leur goût.

Planche 3.   8. » La figure de la puce ayant déja été décrite par d'au-
» tres, je ne rapporterai ici que ce que M. Hook dit du res-
» sort de ses jambes. Cet insecte en a six qui ont chacune
» trois jointures, dont la disposition est toute différente ; car
» les articles des deux jambes de devant entrent & s'enfon-
» cent entierement l'un dans l'autre : ceux des jambes du
» milieu ont leur étendue tout-à-fait séparée ; mais les jam-
» bes de derriere ont leurs articles pliés l'un sur l'autre,
» comme la jambe & la cuisse de l'homme. Quand la puce
» veut sauter, elle étend en même temps toutes ses jambes ;
» & les différens articles venant à se débander ensemble,
» comme autant de ressorts, causent ce saut, que quelques-
» uns ont attribué à des ailes imaginaires ».

Planche 4.   La punaise dont on voit la figure représentée dans la Pl.
4. est la punaise domestique. Cet insecte est très-commun,
sur-tout dans les villes, parmi le petit peuple & les gens mal-
propres. Il est connu de tout le monde par le tourment qu'il
cause la nuit, suçant notre sang avec une très - grande avi-
dité. La figure *A* représente la punaise vûe du côté du dos,
& la figure *B* la représente renversée, pour faire voir le côté
du ventre. Cet insecte a six pattes, qui chacune sont composées de quatre articulations, dont la derniere est terminée
par deux ongles crochus : sa tête est ornée de deux petites
antennes qui ont aussi quatre articulations, & d'une trompe
qui est appliquée le long de la poitrine, lorsque la punaise
ne s'en sert point pour prendre sa nourriture. Le corps, ainsi
que les antennes & les pattes, paroissent, lorsqu'on les regarde avec un Microscope, tout couverts de poils. Le corps
de cet insecte, sur-tout lorsque ce sont des jeunes, est assez
transparent pour laisser appercevoir au dedans le mouvement
péristaltique des intestins, & des liqueurs qui passent au-travers ; ce qui présente un spectacle fort agréable à examiner.

    9. » C'est une chose surprenante de voir la quantité de
» petits pores que le Microscope fait voir dans le charbon ;

ils

» ils sont disposés par ordre , & traversent toute sa longueur ;
» de maniere qu'il n'y a point de charbon, quelque long qu'il
» soit, au-travers duquel on ne puisse aisément souffler ; &
» si l'on en rompt un morceau un peu court, on voit le jour
» au-travers avec le Microscope. Leur nombre est si grand ,
» que dans un rang long de la dix-huitieme partie d'un pouce,
» M. Hook en a compté jusqu'à cent cinquante ; d'où il con-
» clut que dans un charbon d'un pouce de diametre il n'y en
» doit pas avoir moins de cinq millions sept cents vingt-
» quatre mille. C'est à cette grande quantité de pores qu'il
» attribue la noirceur du charbon ; car il dit que quand un
» corps a beaucoup de pores dans lesquels la lumiere n'est
» point réfléchie , il paroît nécessairement noir, d'autant que
» la noirceur n'est autre chose qu'une privation du lumiere ,
» ou un défaut de réflexion ».

CHAPITRE II.

De la Mouche commune.

LA Mouche commune , dont on voit la figure dans la Planche 5
Planche 5 , est trop connue de tout le monde pour en
faire la description. Lorsqu'on l'examine avec un microscope,
on y découvre des beautés infinies ; tout son corps paroît
mêlé de noir & d'argent ; sa tête est ornée de deux calottes
hémisphériques qui paroissent composées d'un nombre infini
de petits creux semblables à un réseau, chacun desquels est
un œil : ces calottes sont entourées de poils qui paroissent
d'argent. Elle a deux petites antennes , & une trompe velue
qui lui sert à prendre sa nourriture. Cette trompe se plie en
deux parties , & elle la renferme dans sa bouche lorsqu'elle
le veut ; l'extrémité en est aussi tranchante qu'un couteau,
pour lui servir à séparer les différentes parties de ses alimens :
elle peut aussi en former une espece de tuyau , lorsqu'elle
veut sucer les liqueurs sucrées , les sucs des fruits, ou les autres liqueurs. Il y a des especes de Mouches qui sont plus
transparentes que d'autres , & dans celles-là on peut apper-

cevoir diſtinctement les mouvemens des inteſtins depuis
l'eſtomac juſqu'à l'anus.

Leurs ailes qui ſont membraneuſes & fortifiées par des
nervures, ſont auſſi garnies tout autour de poils aſſez roides:
leurs pattes ſont velues, & compoſées de pluſieurs articles;
l'extrémité en eſt terminée par deux griffes ou ongles crochus, au milieu deſquels on apperçoit deux parties rondes
hériſſées de petits piquans, comme la coque d'une cha-
taigne.

Plus on examinera les Mouches avec le microſcope, plus
on y découvrira de beautés; je laiſſe aux Curieux le plaiſir
d'en faire eux-mêmes l'expérience.

Il reſte à dire quelque choſe de la facilité avec laquelle
ces Mouches marchent ſur les corps polis & luiſans, en
quelque ſituation qu'ils ſe trouvent.

Les Anciens, qui n'avoient aucune connoiſſance des microſcopes ni de leurs uſages, ne pouvant examiner les parties inſenſibles des petits corps, ſe ſont perſuadés que les
Mouches ne ſe ſoûtenoient contre ces divers corps, qu'à
cauſe qu'il ſortoit de chacune de leurs pattes une eſpece de
matiere gluante qui les y attachoit; mais ils ne faiſoient pas
réflexion à la difficulté qu'elles auroient à les en ſéparer, ni
à la grande quantité de cette matiere qu'il auroit fallu à ces
animaux pour en fournir à toutes leurs pattes, afin de la
diſtribuer à chaque pas qu'ils font ſur la ſurface de tous les
corps qu'ils parcourent.

Cette ſuppoſition a été reçue par des Académies célebres,
ſans qu'elles ſe ſoient miſes en état de faire aucune expérience qui pût les aſſurer d'une choſe qui étoit ſi facile à
examiner.

S'il eſt vrai qu'à chaque pas que fait la Mouche ſur les
carreaux de verre du chaſſis d'une chambre, elle y laiſſe par
ſes ſix pattes autant de cette humeur gluante qu'il en faut
pour la ſoûtenir, on en doit voir une traînée ſur ces carreaux
de verre; ce qui ne ſe remarque pas, même en l'obſervant
avec une loupe.

Si l'on objecte qu'on apperçoit des taches de Mouches ſur
la ſurface des carreaux de verre, ſur celle des miroirs, &c.

& que ces taches pourroient bien être la matiere gluante que les Mouches y appliquent en y marchant ; nous répondrons que cette matiere que l'on voit sur les diverses surfaces de ces corps polis, n'est pas ce qu'on s'imagine : au contraire, ce ne sont que des excrémens grossiers sortis des intestins de la Mouche ; & c'est de quoi on pourra s'assûrer, si l'on suit de vûe la marche de quelques-unes, car on verra sortir de leur anus les excrémens dont je parle.

Si l'on objecte encore qu'il y a aux extrémités des pattes d'une Mouche, de très-petites pelotes d'où sort la matiere gluante qui la tient suspendue sur les divers corps qu'elle parcourt ; nous répondrons que le microscope ne nous faisant rien découvrir de ce qu'on suppose, il vaut mieux penser que l'usage de ces petites pelotes est d'empêcher que les corps raboteux sur lesquels la Mouche marche, ne l'incommodent.

Enfin, comme il se voit un grand nombre de petits animaux qui marchent sur tous les corps polis, aux pattes desquels on ne voit aucune pelote, on doit être persuadé que cette opinion n'a été reçue que faute d'en avoir une plus vraissemblable.

Maintenant si l'on fait réflexion sur l'inégalité des parties qui se remarquent avec le microscope sur la superficie des corps polis, sur les éminences & sur les enfoncemens qu'on y découvre ; sur la légéreté des Mouches, sur le nombre de leurs pattes, sur leur grande longueur, sur la multitude des poils qui les environnent de toutes parts, & sur les petites griffes très-aiguës qui les terminent, nous aurons, ce me semble, de quoi satisfaire à la question, en disant que ces petites créatures appliquant, comme elles font, environ le tiers de la longueur de leurs pattes sur la surface des corps qu'elles parcourent, & cette longueur contenant au moins quatre à cinq cents petits poils qui entrent dans les vuides que laissent entr'elles les petites éminences raboteuses des corps sur lesquels elles marchent, cela suffira pour faire comprendre que ces petits insectes peuvent fort bien se soûtenir par cette disposition méchanique, sur les corps même les plus polis, en quelque situation qu'ils soient.

CHAPITRE III.

Description d'une forte de Moucheron qui fe voit ordinairement
fur la furface du Vin & fur celle du Vinaigre.

Planche 6, SI l'on faifit à la pincette un de ces petits Moucherons,
& qu'on l'examine au microfcope monté d'une feule
lentille d'environ trois lignes de foyer, on y découvrira
non-feulement tout ce qui eft exprimé dans les deux figures
qui font repréfentées fur cette Planche, mais encore plufieurs autres chofes que des deffeins, quelqu'élégamment
traités qu'ils foient, ne peuvent repréfenter.

La premiere figure repréfente le Moucheron vû par le
dos, & la feconde le repréfente vû par le ventre. En le
confidérant d'abord, on le pourra divifer en trois principales parties ; fçavoir, la tête, la poitrine, & le bas-ventre.

La tête de cet infecte eft des plus difficiles à examiner,
parce qu'étant en vie, comme il doit être pour le bien voir,
il la remue continuellement ; & d'ailleurs elle eft compofée
de tant de parties, & d'un arrangement fi extraordinaire,
qu'on a de la peine à les bien examiner pour en expliquer la
méchanique.

Cette tête, qui eft très-mobile, eft vûe ornée de deux
gros yeux, de deux efpeces de cornes rondes & oblongues
qui portent deux aigrettes, & d'une face des plus furpre-
nantes qui fe puiffent voir.

Sa poitrine eft chargée de fix grandes pattes & de beaucoup de poils.

Enfin la troifieme partie de cet infecte eft d'une rondeur
oblongue, plus groffe par le haut qu'elle n'eft par le bas.
Voilà en gros ce que j'y ai remarqué, & voici en détail
toutes les parties extérieures qui font repréfentées dans la
premiere & feconde figure.

Les yeux de ce Moucheron font fort gros, & bien convexes ; on les voit placés aux côtés de fa tête, & autant
éloignés l'un de l'autre qu'ils le puiffent être : leurs furfaces

paroiſſent d'un beau rouge-brun , & diviſées par un grand
nombre de lignes courbes qui ſe croiſent en partageant chaque cornée en un ſi grand nombre de petits rhombes ou loſanges égaux entr'eux , qu'il n'eſt pas poſſible de les compter
exactement.

M. de Puget , dans une Diſſertation qu'il a faite ſur l'œil
de la Mouche , nous aſſure qu'il contient environ huit mille
cryſtallins.

Toute la convexité de chaque cornée du Moucheron eſt
parſemée d'une infinité de très-petits poils d'égale hauteur ,
plantés très-régulierement dans les ſillons ou enfoncemens
qui terminent les rhombes ou loſanges , du milieu deſquels
on voit élevès les cryſtallins dont je viens de parler , qui
couvrent toute la cornée de chaque œil ; & ce qu'il y a de
particulier en ceci , eſt qu'on ne remarque point de ſemblables poils dans les ſillons de l'œil de la mouche ordinaire.

Chaque œil de ce Moucheron eſt vû quelquefois comme
enchâſſé dans un petit bord étroit & argenté qui lui ſerr d'ornement : ce bord de l'orbite ne paroît pas toujours de cette
couleur argentée , ni diſtingué du péricrâne , qui eſt une
membrane charnue qui ſert d'enveloppe au crâne.

On ne remarque point de paupieres en ces yeux , qui
n'ont aucun mouvement ; cependant ils ne laiſſent pas d'appercevoir tous les objets qui les environnent & qui n'en ſont
pas trop éloignés , parce que la tête de ce petit animal tournant librement ſur ſon col , chaque petit cryſtallin faiſant
l'office d'un œil , le mouvement total de la tête rend ces
objets viſibles.

On voit une partie du péricrâne entre les yeux de cet inſecte , dont le ſommet eſt orné de deux eſpeces de cornes
rondes , oblongues , & émouſſées par le bout , qui portent
chacune une eſpece d'aigrette ſortant du milieu de leur hauteur , placées l'une à droite & l'autre à gauche de ces deux
cornes , qui ſe voyent terminées de même que le bout d'une
fauciſſe.

Sa bouche eſt fort grande , & preſque toujours ouverte ,
comme on le peut remarquer en la ſeconde figure. On en
voit ſortir comme une groſſe langue qui ſe ſépare vers le bout

en deux parties convexes par-dehors, plattes & raboteuses en-dedans, pour entraîner plus facilement ce qu'elles peuvent détacher d'une partie des corps sur lesquels elles les appliquent, pour lui servir de nourriture. On apperçoit quelques petits poils sur les côtés convexes de ces langues, qui sont situées d'une maniere toute contraire à celle des autres animaux ; c'est-à-dire que leurs surfaces intérieures qui se joignent en se fermant, sont posées verticalement, comme on le peut remarquer en la seconde figure de cette Planche.

Le dos de ce petit insecte représente à-peu-près le derriere d'une hotte ; il est couvert de gros & de petits poils ; il paroît composé de deux parties articulées par le bas, comme on le peut remarquer en la premiere figure.

Sa poitrine, qui se voit en la seconde figure, a presque la forme d'un cœur ; elle est munie de longs poils, & de six grandes pattes composées chacune de sept pieces, & d'autant d'articles ou de jointures, ornées de quantité de poils, & d'une griffe à chacune de ses extrémités. On voit aussi deux ailes qui ont leurs insertions au milieu de cette poitrine, & dont les bords extérieurs sont munis de gros poils, & les intérieurs de très-petits, disposés régulierement en forme de palissades, pendant qu'on en remarque une infinité d'autres qui sont plantés obliquement sur la surface mince & déliée qui forme le tissu de l'aile, qui se voit soûtenue d'une espece de charpente.

L'usage de tous ces poils qui environnent l'aile de la Mouche, est d'empêcher d'autres animaux d'en ruiner la structure, & de leur servir de défense contre l'insulte de quelques autres.

Ces petits Moucherons ne sont pas toûjours exempts d'avoir sur leur corps d'autres plus petits insectes qui les dévorent tout vivans ; car on trouve souvent sous les ailes d'un misérable hanneton trente à quarante petits insectes, qui sont comme autant de poux qui les mangent, sans qu'il puisse les chasser de ces lieux de refuge.

La troisieme partie de ce petit Moucheron est à-peu-près semblable à un œuf de pigeon, étant vûe par le dos, comme en la premiere figure. On y compte huit petites bandes de peu de largeur, & autant d'articles qui n'environnent pas totalement cette partie, mais qui finissent après avoir couvert une très-petite partie de son ventre, comme on le voit dans la figure. On voit quantité de poils rangés en ordre dans les endroits où ces bandes sont articulées ; mais on n'en remarque point sous le ventre, à moins qu'on ne l'observe étant éclairé du soleil : car alors il paroît tout velu, & d'un mélange brillant de diverses couleurs.

CHAPITRE IV.

*De la Licorne * ornée de deux especes d'aigrettes.*

CE petit animal terrestre ne paroît avoir environ qu'une ligne de longueur, étant regardé des yeux nuds ; mais en l'examinant avec une lentille de cinq à six lignes de foyer, on l'apperçoit à peu-près de la grosseur que je l'ai représenté dans ce dessein. Planche 7.

Son corps qui est de figure ovale, est un peu élevé audessus de six pattes très-déliées, chacune desquelles est composée de trois articles mobiles, dont le dernier est terminé par deux petites *pelottes* & trois griffes très-fines ; ce qui fait qu'il marche très-librement sur la surface plane qui est au fond d'un canon de verre & de même matiere, dans lequel je l'ai enfermé.

Tout le dos de l'animal, qui est de couleur brune & un peu luisant, est rayé par des lignes un peu élevées, qui sont conduites à peu-près parallelement entr'elles depuis la tête jusqu'à l'autre extrémité de son corps, sans se toucher ; ce qui donne occasion de remarquer quelques petits enfoncemens dans l'espace qui se trouve entre ces lignes.

Il part une longue trompe du milieu de sa tête, qui est

---

* M. de Reaumur appelle ce petit insecte le *scarabé à tête en forme de trompe*; il est connu par les Naturalistes sous le nom de *curculio*. Le charanson qui fait tant de tort dans les greniers où l'on conserve des grains, est une espece de ce genre, lequel est très-nombreux.

affez ferme & roide pour foûtenir elle - même deux petites
cornes , chacune defquelles eſt compofée de deux articles
très - mobiles qu'on voit toûjours en mouvement , & dont
les extrémités fe trouvent ornées de deux petites houpes ou
aigrettes qui touchent tout ce que cette Licorne rencontre
dans fa marche , pendant que la trompe demeure immobile
en elle-même.

Le ventre de cet infecte eſt vû compofé de plufieurs articles formés en anneaux emboîtés en partie les uns dans les
autres , ce qui me fait penfer qu'il a deux ailes qui couvrent
tout fon dos , d'autant plus que l'on voit une féparation au
milieu de ce dos , que j'ai marquée dans ce deffein par une
ligne plus forte qu'aucune de celles qui fe voyent à côté. On
apperçoit une efpece de pouffiere blanche femée très-légere-
ment fur le dos de cet infecte , ce qui l'empêche de paroître
noir. Il y a lieu de croire que fa trompe eſt creufe , & qu'il
ne refpire que par ce canal , qui donne un libre paffage à
l'air qui fe communique par-là dans fes poumons.

On voit deux petites éminences noires aux deux côtés de
la tête de ce petit infecte , qu'on peut juger être fes yeux ;
fa tête eſt emboîtée dans fon col , qui eſt fait comme un bourrelet , un peu enfoncé dans fes épaules.

Je l'ai vû vivre au moins trois femaines , fans prendre aucune autre nourriture que celle de l'air contenu dans le microfcope à tombeau qui le tenoit comme en prifon , & où
il eſt mort.

- - -

CHAPITRE V.

Des petits Papillons qu'on voit en hiver fur des choux de Milan.

L E Papillon eſt un infecte volant , qui tire fon origine
d'une chenille ou d'un ver ; il a des piés & des ailes.
Morin , fameux Fleurifte , a obfervé avec beaucoup d'exactitude durant plufieurs années , que chaque plante avoit fa
chenille & fon papillon particulier ; il en a nourri exprès un
grand nombre fous des cloches de verre , qu'il a fait enfuite
deffiner fur du vélin.
                                                        Swam-

Swammerdam a décrit cent quatorze efpeces de Papillons de nuit, avec leurs nymphes dorées ; il y en a de toutes unies, de velues, de colorées, & de tranfparentes : il les appelle en latin *papilio nocturnus* ou *phalæna*. Aldroandus en décrit de cent dix-huit fortes. Moufet en repréfente de quatre-vingts-fix fortes ; Hoefnagel, de cinquante ; Goedart, de foixante-dix-fept fortes de ceux qui volent de jour, & huit qui volent de nuit. Cet Auteur les a repréfentés avec des couleurs qui imitent celles des Papillons qu'il a examinés.

Les ailes de certains Papillons font femées de très-petites plumes, qui étant vûes des yeux nuds, paroiffent comme une poufliere ; & lorfqu'on examine cette poufliere au microfcope monté d'une feule lentille d'environ une ligne ou deux, chaque petit corps paroît comme une tulipe, dont les feuilles fe terminent en pointes.

La tête des plus gros Papillons étant dégarnie des plumes qui la couvrent, on voit au-travers du crane le mouvement de deux vaiffeaux qui s'approchent & qui s'éloignent l'un de l'autre alternativement, en fe fervant d'une petite loupe d'environ fept à huit lignes de diametre & d'autant de foyer.

Si l'on enferme une chenille dans un microfcope à canon de verre, on aura le plaifir d'obferver que le Papillon qui en viendra n'étoit pas feulement enfermé dans la chenille, comme un animal dans l'autre ; mais que la chenille eft le Papillon même, revêtu d'une membrane qui nous le cachoit fous fes membres. Il y a une infinité de chofes très-curieufes, & très-différentes les unes des autres, à obferver dans ces animaux, dont l'attention n'eft pas indifférente aux perfonnes qui aiment la folitude, & à méditer fur les ouvrages du Créateur qui les a formés.

N'ayant aucune idée d'avoir lû dans les ouvrages de Swammerdam ni dans ceux de Goedart, aucune chofe touchant le Papillon dont on voit ici deux repréfentations, peut-être à caufe du peu de groffeur qu'ils ont naturellement, je me trouve en quelque forte obligé d'en parler, pour faire connoître que Morin a eu quelque raifon de dire que chaque plante avoit fa chenille & fon Papillon particulier ; cependant il me femble qu'il auroit mieux fait de dire que chaque

chenille ou chaque Papillon a fa plante particuliere & favorite.

Paffons maintenant à l'explication du Papillon Milanois ,
velouté ou enfariné : chacun de ces trois noms me femble
affez lui convenir, comme il fera facile d'en juger, fi l'on fe
donne la peine de l'examiner. Le deffein qu'on en voit (Pl.
8.) au-deffous de la lettre *D*, le repréfente vû par le ventre ;
& celui qui fe voit au-deffous de la tête *e*, le fait voir par
le dos.

Dans la premiere de ces deux repréfentations on remarque
une tête dont le fommet fe voit orné de deux cornes affez
longues & mobiles , compofées de plufieurs parties articulées ; de deux trous qui répondent prefqu'au-deffous de ces
cornes, que je crois être fes oreilles ; de deux gros yeux irré-
gulierement terminés , & des plus enfoncés dans cette tête
que j'aye vûs jufqu'à préfent ; & enfin d'une trompe compofée de plufieurs pieces mobiles , affez longues , & terminée
en pointe un peu émouffée qui defcend fur fa poitrine, d'où
l'on voit partir trois grandes pattes de chaque côté , compofées chacune de trois pieces articulées , & mal terminées :
tout le refte de fon corps eft d'une rondeur oblongue. Ce
petit infecte a quatre ailes , deux petites & deux grandes,
qui n'ont aucune tranfparence , non plus que les cornes, les
pattes , & le corps, qui n'a au plus qu'une demi-ligne de
longueur, parce que toutes ces parties-là font totalement
couvertes d'un duvet farineux & épais , qui ne permet pas
le paffage aux rayons de lumiere qui tombent deffus.

On peut conferver ces petits Papillons affez long-temps ,
& même en hiver, en les mettant dans une boîte avec les
feuilles de chou qui leur fervent d'aliment. Lorfque la boîte
eft découverte , on en voit qui s'envolent , mais ils ne vont
pas loin du lieu d'où ils partent. Pour les bien examiner , il
les faut faifir au bout de la pointe d'aiguille, qui fe monte fur
la machine nommée *porte-pinceau*, en employant un peu
d'eau gommée dans laquelle on trempe le bout de cette pointe d'aiguille ; laquelle étant montée au microfcope , on fe
fervira d'une lentille d'environ trois lignes de foyer : par ce
fecours on pourra voir exactement toutes les parties de ce
petit animal.

CHAPITRE VI.

De la Mite vagabonde.

LA Mite peut paſſer pour un des plus petits animaux que la ſimple vûe puiſſe découvrir ; on la voit marcher , & ſe détourner de quelque petit corps dont on traverſe ſon chemin : par-là on juge ſeulement qu'elle peut avoir des jambes & des yeux ; mais ce n'eſt que par le ſecours du microſcope qu'on peut exactement connoître toutes ſes parties, & que c'eſt une *eſpece d'inſectes* qui ſe trouvent quelquefois ſi menus, que la vûe n'eſt pas capable de les appercevoir, quoique blancs , & qu'ils ſe meuvent ſur une ſurface noire. Les œufs d'où ils ſont ſortis ſont ſi petits , qu'un ſeul ne ſurpaſſe pas la centieme partie de celui d'une Mite ordinaire ; les Mites mêmes d'une grandeur moyenne , & bien nourries , n'ayant guere plus de largeur que la centieme partie d'un pouce. Nonobſtant cette extrème petiteſſe, notre microſcope nous apprend que ces petits inſectes ont une figure des plus jolies qui ſe puiſſe voir, & que chacun d'eux eſt muni de huit jambes d'une belle figure & bien proportionnées, articulées & pliables en ſept ou huit différens endroits, la plus grande partie de chacune deſquelles eſt couverte d'écailles tranſparentes , dont le bout inférieur eſt frangé de pluſieurs petites ſoies , & terminées chacune par une griffe très-aiguë.

Le corps de la Mite eſt diviſé en trois parties principales : la partie poſtérieure ou le ventre *A* , paroît couvert d'une ſeule écaille ; mais la région moyenne ou la poitrine eſt couverte de deux écailles *B*, *C*, qui coulent l'une dans l'autre ; de maniere que la Mite s'y peut en partie retirer quand elle veut, ainſi que ſon grouin *D* , qui a pareillement la facilité de ſe raccourcir & s'allonger, ſelon qu'il ſe reſſerre ou qu'il s'étend ſous ſa couverture , dont les parties peuvent s'engager ou rentrer les unes dans les autres , & s'en dégager.

Tout ſon corps eſt d'une belle tranſparence ; enſorte qu'étant regardé à une lumiere directe, comme on regarde les

C ij

objets du ciel dans une lunette d'approche , on peut appercevoir divers mouvemens qui se font dans son corps ; &
dans cette posture toutes ses parties sont plus aisées à être
élégamment représentées. Les écailles , principalement celle
qui couvre le derriere de l'insecte , est si exactement polie ,
qu'il est facile d'y voir l'image de tous les objets d'alentour ,
qu'elle représente comme fait un miroir convexe. Au haut ,
au bas & en divers endroits de ce corps , on remarque quantité de poils longuets & blancs , qui semblent sortir de ces
écailles , parmi lesquels il s'en voit de plus longs que n'est
tout le corps de l'animal.

Tous ces poils sont pliables , hormis seulement les deux
que l'on voit sur la partie antérieure de cet insecte , & qui
lui servent de cornes , ainsi qu'on le peut voir dans les figures,
dont la premiere est le dessein d'une petite sorte de Mite qui
va çà & là , & qui pour cette raison peut être nommée *Mite
vagabonde ;* à la différence de quelques autres qu'on peut
nommer *Mites domestiques* , parce qu'elles restent toûjours
dans les mêmes lieux.

La seconde figure est la représentation d'une Mite fixée
sur son dos par le moyen d'un peu d'eau gommée mise sur un
corps noir , pour faire voir de quelle façon toutes les jambes
naissent du corps , & comment elles y sont attachées ; &
donner le moyen d'observer le jeu & les mouvemens admirables des parties qui les composent.

Ce petit insecte est très-diversifié , non-seulement dans sa
forme , dans sa couleur , &c. mais aussi par différentes pro-
priétés conformes à la nature de la substance dans laquelle il
a été engendré & nourri.

Il y en a qui font leur résidence ordinaire sur toutes sortes
de substances moisies ou pourries.

On en voit roder sur quelques matieres mises en infusion
dans de l'eau commune , après leurs fermentations & leurs
végétations.

On trouve de ces insectes sur des tonneaux d'où il est sorti
quelques gouttes de vin, dont le séjour a donné occasion aux
œufs que leurs meres y avoient déposés , de s'éclorre en peu
de temps.

On en découvre quelquefois entre les feuillets des gros champignons tout nouvellement tirés de terre : il s'en voit assez souvent sur les taches de pourriture des vieux fruits, sur les figues seches, sur les limas de cave : enfin on en trouve une pépiniere avec leurs œufs sur de certains fromages, dont je parlerai plus loin.

Planche 10.

Si l'on se donne la peine d'examiner quelques limas de cave avec une petite loupe, on les verra chargés ou couverts d'un grand nombre de petites Mites qui ne les abandonnent qu'après leur mort. Ces Mites parcourent le corps des limas avec beaucoup de vîtesse, quoique très-visqueux & gluant ; & parce qu'il n'est pas facile de les fixer pour les bien voir, je dirai comment je m'y suis pris afin de les examiner à loisir. Pour cet effet je prends un morceau de glace concave, ou un verre plane des deux côtés, que j'enduis légerement d'un peu d'eau gommée, d'une consistence assez épaisse pour que les Mites que je fais tomber dessus, s'y puissent attacher : je place ensuite ce morceau de glace à un microscope monté d'une lentille d'environ trois lignes de foyer ; par ce moyen je me trouve en état de voir ces petits animaux, & de choisir ceux dont les attitudes me paroissent les plus propres à être représentées. Vous en voyez trois sur la Planche 8. Celle qui est au-dessous de la lettre *A*, est vûe de front par le ventre ; celle qui est au-dessous de *B*, est encore vûe par le ventre, mais un peu de côté ; & celle qui se voit au-dessous de la lettre *C*, est vûe par le dos.

Ces animaux sont blancs, mais ils sont trop épais pour être transparens : leurs corps ne sont pas si unis & si luisans que ceux des Mites précédentes. Ils ont quatre pattes à droite & autant à gauche de leur petit corps, composées chacune de cinq membres, & d'autant d'articles ou de jointures. Ces pattes ne sont pas espacées également ; car on voit que la distance des quatre premieres aux quatre autres, est beaucoup plus grande que n'est celle des deux premieres aux deux secondes, & des deux troisiemes aux deux quatriemes.

On voit deux longs poils aux côtés de sa tête, qui peuvent passer pour ses cornes, parce qu'ils sont beaucoup plus gros & plus longs que ceux qu'on voit en petite quantité autour de fon corps. Enfin on voit encore un petit muſeau rond, court & émouſſé par le bout; mais on n'y découvre point d'yeux.

Enfin les Mites dont je parle, vivent très-long-temps de la ſubſtance huileuſe qui ſe voit ſur le corps des limas de cave; mais dès qu'ils ſont morts elles les abandonnent, faute d'y trouver de quoi ſe nourrir. Il n'en eſt pas de même d'un grand nombre d'autres animaux, qui ne ſont dévorés par d'autres Mites que lorſqu'ils ſont morts.

On a repréſenté ſur la Planche 10 une Mite de fromage, & une Mite ou pou de ſerin, telles qu'on les voit avec un microſcope. Il ſuffit de jetter les yeux ſur cette Planche, pour s'appercevoir de la différence qu'il y a dans la figure de ces deux petits animaux, ſans qu'il ſoit beſoin d'en donner une deſcription plus détaillée.

CHAPITRE VII.

Deſcription d'une eſpece de Mouche aquatique & terreſtre, qui nage ſur le dos, qui ſaute & marche étant hors de l'eau.*

Planche 11.　CETTE eſpece de Mouche, qui ſe pêche ordinairement dans des baſſins de fontaine, eſt des plus curieuſes, & d'une conſtruction des plus ſingulieres qu'on en puiſſe voir. Elle paroît aux yeux nuds avoir environ trois lignes de longueur, & une bonne ligne & demie de largeur: ſa couleur, quoique variée, paroît d'un verd pâle & un peu luiſant: ſa tête paroît avoir plus de largeur qu'elle n'a de hauteur: on la voit ornée de deux gros yeux qui ne ſont pas ronds, quoique convexes: elle a ſix pattes, ſavoir quatre petites & deux grandes, qui lui ſervent de nageoires: enfin un corps compoſé de pluſieurs bandes articulées qui le terminent en diminuant de groſſeur, & pluſieurs petites maſſes de poils rangés proprement tant à droite qu'à gauche des derniers anneaux qui terminent ſon corps. Voilà en gros ce que nous avons pû obſerver ſans le ſecours du microſcope; & voici ce qu'on

* C'eſt une eſpece de punaiſe aquatique. *Notonella Linnæi*, 688.

en peut découvrir de plus en se servant d'une petite loupe d'un pouce de foyer, montée d'une maniere commode.

Comme la situation la plus ordinaire & la plus naturelle à cette Mouche vûe dans l'eau, est d'y être presque toûjours couchée sur le dos, ses deux grandes pattes étendues, & sa tête un peu plus basse que le reste de son corps ; & qu'elle demeure ainsi assez long-temps, & bien tranquille : c'est dans cet état que je vais l'examiner.

Sa tête est assez plate ; on la voit ornée de deux gros yeux, autant écartés l'un de l'autre qu'ils le puissent être, & dont les cornées paroissent brunes : la partie du péricrane qui sépare ses yeux est bien large, & d'un verd pâle. On apperçoit qu'il tombe de sa face, ou qu'il en sort, comme d'une espece de bouche, une trompe composée de trois ou quatre pieces, & d'autant d'articles qui vont diminuant de grosseur depuis sa racine, qui paroît fort large, jusqu'à son extrémité. Cette même largeur semble être séparée de haut en-bas par une grosse ligne noire, qui est interceptée par plusieurs autres lignes de même couleur. Cette trompe qui paroît immobile, ne l'est pas toûjours ; elle paroît avoir environ trois lignes de longueur, étant considérée des yeux armés de la loupe, ou d'une lentille, qui fait voir les objets un peu plus gros que la précédente.

La poitrine de cette Mouche paroît par-devant tellement unie au-dessous de sa tête, qu'elle en cache le col. Les six pattes dont j'ai parlé, ont leurs insertions tout le long de cette poitrine : chacune des quatre premieres est composée de quatre pieces & d'autant d'articles ; elles sont munies de quelques petits poils noirs, & de deux griffes de même couleur. Chaque grande patte n'est composée que de trois parties, & d'autant d'articles ; elles sont munies d'un grand nombre de poils d'une délicatesse extraordinaire : ces deux dernieres pattes n'ont point de griffes ; aussi n'en ont-elles pas besoin, parce qu'elles servent de nageoires à cet insecte, qui ne voyage dans l'eau que par secousses, de maniere que son nager n'a rien d'élégant. Toutes les pattes & les nageoires se frottent l'une l'autre de temps en temps, de même que celles des Mouches ordinaires. La premiere piece de chacune des pattes est comme

arboutée d'une autre piece convexe extérieurement , &
longue d'environ trois lignes , se terminant en pointe
émoussée , & s'étendant le long de la piece, sur laquelle elle
est très-intimement attachée , & qui en semble separée par
une ligne noire dont elle est environnée. On remarque que
les deux premieres pattes se touchent presqu'à l'endroit de
leurs insertions , où elles sont garnies de poil , ce qui ne se
voit pas aux mêmes endroits des autres pattes.

La troisieme partie , ou le bas-ventre , nous paroît composée de huit ou neuf bandes , ou d'autant de portions d'anneaux qui se terminent aux côtés du ventre , qui est partagé
de haut en-bas en divers rangs de poils très-fins , appliqués
les uns contre les autres , paroissant d'une couleur dorée , &
luisans ; formant trois petites éminences à droite & autant à
gauche ; espacées également le long des bords du ventre de
cette Mouche , dont l'anus paroît presque toûjours ouvert ,
& comme s'il en sortoit une bulle d'air ; & aux côtés de cette
ouverture on voit plusieurs masses de longs poils très-fins ,
dont l'assemblage forme une espece d'ornement.

Les deux griffes qui se voyent à l'extrémité de chaque
patte se joignent quelquefois si exactement , qu'il n'y en paroît qu'une seule.

Après avoir observé cette Mouche vûe par le ventre , je
l'ai considérée de front & par le dos , & j'ai vû que les cornées de ses yeux étoient composées d'une infinité de petites
éminences , qui sont comme autant de crystallins semblables
à ceux de la Mouche ordinaire , mais en bien plus grand
nombre , & plus petits de moitié : d'où il faut conclurre que
si les yeux de la Mouche ordinaire en contiennent environ
seize mille , au rapport de M. de Puget , ceux de cette Mou.
che aquatique en doivent contenir le double. N'est-ce pas
là de quoi faire révolter l'imagination la plus forte ?

On voit quelques petits poils aux endroits de l'orbite , où
ces yeux sont comme sertis ; mais l'on n'en découvre aucun
dans les sillonnages des crystallins de la Mouche aquatique.
Pendant que je la tenois entre les deux premiers doigts de la
main gauche , pour en bien considérer les yeux , je me
sentis piqué vivement de son aiguillon , qui me causa une
grande

grande douleur, que je fis heureusement cesser en peu de temps, avec un peu d'esprit-de-vin que je mis dessus.

Je repris après cela cette Mouche, que j'avois remise dans l'eau, pour continuer à l'examiner, & j'apperçus deux petites ouvertures rondes un peu au-dessus de sa bouche, que l'on peut prendre pour ses naseaux.

On voit remuer sa tête, qui n'est séparée de ses épaules que par très-peu de largeur : la partie du péricrane qui répond à son sommet, paroît blanche, & piquée de plusieurs petits enfoncemens : ses épaules sont couvertes d'une membrane blanche & deliée, divisées en deux bandes inséparables par une ligne courbe, concave du côté de la tête, passant d'une épaule à l'autre.

Cette membrane ou cette espece de collet paroit un peu transparent & de deux sortes de couleurs ; il est un peu mobile, & couvre le derriere de sa poitrine. Les ailes de cette Mouche sont dures & fermes ; elles paroissent de plusieurs couleurs, & forment avec la base du collet un espace triangulaire.

La marche de cet insecte est assez agréable à observer : on voit qu'il appuie les extrémités des deux pattes de devant sur la surface horisontale des corps qu'il parcourt : les deux secondes pattes font à-peu-près la même chose ; & les deux dernieres, qui lui servent de nageoires, la font avancer, en poussant en arriere la partie de ces nageoires qui est munie de poils ; & lorsqu'il se trouve sur le dos, il fait un saut en ouvrant quelque peu ses ailes, pour se remettre promptement sur ses pattes.

Enfin il arrive qu'on voit quelquefois cette Mouche nager sur le ventre, puis se tenir comme debout & immobile la tête hors de l'eau ; ce qui est si rare, que je ne l'ai apperçue qu'une fois ou deux dans ces diverses situations. On la peut conserver durant plus d'un mois en vie, pourvû qu'on lui donne de nouvelle eau de temps en temps : le plus souvent est le meilleur.

CHAPITRE VIII.

Defcription d'une autre efpece de Mouche aquatique & terreftre.*

Planche 7,
fig. 23.

CETTE Mouche vûe des yeux nuds, peut avoir un peu plus de deux lignes de longueur, & la moitié en largeur. Sa couleur eft compofée de plufieurs efpeces de bandes interrompues, courbes & noires, fur un fond d'un jaune verdâtre : elle a deux gros yeux en forme de triangle curviligne, dont les cornées font convexes, & compofées d'un très-grand nombre de cryftallins femblables à ceux des Mouches ordinaires, mais beaucoup plus petits & en plus grand nombre. Le péricrane qui fépare fes yeux eft d'une couleur blanche ; en paffant du derriere de fa tête en-devant, on le voit defcendre & finir en pointe, d'où il fort, comme d'une bouche, une trompe très-aiguë qui tombe jufqu'en-deçà des racines des premieres pattes de cette Mouche, qui ne font compofées que de deux parties, de trois articles & de deux griffes chacune.

La longueur des pattes du milieu eft au moins du double des précédentes ; on les voit compofées de quatre grandes pieces munies de quelques poils, & de deux efpeces de griffes à chaque extrémité. Les deux dernieres pattes font plus groffes que les précédentes ; on les voit compofées chacune de trois pieces d'une groffe griffe, & de quelques poils. Tout le corps de cette Mouche eft environné de cinq ou fix bandes ou anneaux emboîtés l'un dans l'autre, comme on le peut voir dans la figure repréfentée au-deffous de la lettre *A*.

Le derriere de cette Mouche fe voit environné de plufieurs petits poils : étant vûe par le dos, comme on l'a repréfentée au-deffous de la lettre *B*, on apperçoit que fes épaules font couvertes d'une piece mobile qui joint fa tête, & dont le bas forme un angle très-obtus. Au-deffous de cette efpece de collet, il fe voit deux autres pieces qui en defcendant forment un angle aigu. Enfin il part de deffous ces pieces

---

* Autre efpece de Punaife aquatique. *Notonecla Linnæi*, 689.

deux ailes tachetées de plusieurs petites bandes interrompues
& noires, comme j'ai déjà dit, formant des petits arcs de
cercle dont la convexité est tournée du côté de la tête de
cette Mouche, qui marche & saute étant hors de l'eau.

CHAPITRE IX.

Anatomie des Plantes en général.

« IL est aisé de connoître (disent les Auteurs du Journal
» des Savans, ann. 1676) par les nouvelles découvertes
» que l'on a faites en ce siecle dans la Physique, que les An-
» ciens n'ont pas épuisé les secrets de la Nature, & qu'ils ne
» se sont souvent donné la peine de connoître que ce qu'elle
» ne prenoit pas beaucoup de soin à leur cacher. Ceux qui
» nous ont parlé de Plantes, se sont contentés d'en décrire
» l'extérieur ; ils n'ont pas été jusqu'à la dissection & à l'a-
» natomie, & ils ne se sont guere mis en peine de décou-
» vrir par la connoissance de leurs parties intérieures & ca-
» chées, la raison de plusieurs effets qui ne peuvent s'expli-
» quer que par ce moyen.

» M. Grew, savant Botaniste, s'est attaché à cela dans un
» ouvrage, qu'il appelle pour cet effet *Anatomie des Plantes*.
» Il y décrit toutes les parties dont elles sont composées, il
» en marque les usages ; il rend raison de plusieurs choses
» particulieres qu'il est aisé d'observer dans diverses Plantes,
» & que personne n'avoit encore pris le soin d'expliquer : &
» parce que la méthode est l'ame de tous les ouvrages, &
» qu'il n'est point de plus bel ordre que celui que la Nature
» observe en toutes choses, cet Auteur suit en parlant des
» Plantes, celui que la Nature garde en les formant. Ainsi
» il commence par la graine, il vient ensuite à la racine, de
» la racine il passe à la tige ; & parce que la tige pousse des
» branches, des feuilles, des fleurs & des fruits, & enfin
» d'autres graines propres à être semées, il continue & finit
» par-là son ouvrage.

» Il a choisi entre les graines une grosse feve de jardin,

» comme une des plus propres à faire connoître les parties
» qui la composent. Il les décrit toutes en particulier ; mais
» ce qu'il dit de leur usage est d'autant plus beau, qu'il y
» explique tous les degrés de la végétation, & toutes les
» démarches que la Nature observe pour faire croître & pour
» faire grossir une Plante.

   1. » On y voit comment le suc qui nourrit la feve ayant
» été renfermé dans les peaux de la feve, comme dans au-
» tant de reservoirs où la Nature le conserve jusqu'à ce qu'elle
» en ait besoin, passe à-travers les peaux qui enveloppent
» les deux *lobes*, c'est-à-dire les deux parties qu'on voit se
» séparer aisément dans la feve lorsqu'elle est encore verte,
» qui sont marqués dans la figure (ci-devant Planche 7.
» fig. 4.), avec leur *parenchime*, par les lettres *a a a*, *a a a* ;
» & qu'ainsi il n'arrive à la feve que peu-à-peu, & qu'autant
» qu'elle en a besoin, après s'y être filtré comme dans un
» coton très-fin, & s'y être fermenté, comme la biere &
» les autres liqueurs se fermentent dans les bouteilles ou dans
» les vaisseaux dans lesquels on les enferme.

   » Ce suc ayant reçû sa derniere préparation dans le *paren-*
» *chime*, entre dans toutes les branches de la racine *séminale*
» *b b* ; & de-là continuant toûjours son mouvement, il va se
» rendre à la radicule *c*, dans la même partie où aboutissent
» les grosses branches *d*. La radicule étant ainsi *imprégnée*,
» devient la racine de la Plante ; & alors la plume *e*, qu'on
» nomme ainsi à cause qu'elle ressemble à un petit bouquet
» de plume, sortant des cavités dans lesquelles elle étoit ren-
» fermée, croît à son tour, devient la tige de la Plante, &
» ne laisse déployer & paroître les petites feuilles qui la com-
» posent, que lorsque la feve pousse & sort de la terre.

   » Le cours de la feve dans la racine n'est pas moins admi-
» rable que dans le corps de la graine. Cet Auteur l'explique
» par une circulation à-peu-près semblable à la circulation
» du sang qui se fait dans les animaux ; car faisant passer ce
» suc à-travers les insertions, pour aller de l'écorce dans la
» moëlle & de la moëlle dans l'écorce, d'où il est chassé
» plus d'une fois par un nouveau suc qui y entre encore, il
» suppose qu'enfin les parties crues du suc retournent de la

» même maniere de l'écorce dans la moëlle ; & que celles
» qui se trouvent assez volatiles n'ayant plus besoin de cir-
» culation , montent en droite ligne vers la tige de la Plante.
» Ce qu'il dit du corps *ligneux* qui se trouve dans la tige,
» est encore particulier ; car il remarque que ses pores ne
» passent que fort rarement les uns dans les autres ; mais que
» s'étendant en long , ils demeurent toûjours distingués com-
» me autant de divers petits canaux. Les uns ne font que les
» creux des fibres, dont chacune est percée par plusieurs de
» ces pores, jusqu'au nombre de trente, de cinquante, ou
» même de cent ; & les autres font les espaces qui se trou-
» vent entre les diverses parties du bois. Ainsi ce qu'on ap-
» pelle proprement *bois* dans un végétable , dans une Plante
» ou dans un arbre , n'est autre chose, selon cet Auteur,
» qu'une infinité de canaux fort petits , ou de fibres creuses.
» La figure qui suit (Pl. 7. fig. 5.) le fait voir aisément.
» Elle représente un petit morceau de tige de gloutiron exa-
» miné d'abord avec les yeux , & ensuite avec le microscope.
» *a a*, est la figure , telle qu'elle paroît aux yeux : *b*, sa gran-
» deur & sa figure , comme on le voit par le microscope :
» *c c*, les insertions du parenchime de l'écorce : *dd*, *dd*, *dd*,
» les fibres du corps ligneux qui font distribuées dans la tige.
» Les diverses sortes de points noirs qui y paroissent , mar-
» quent les différentes sortes de pores.
» Ceux de la moëlle , principalement dans un sureau ,
» font par-tout également entre-coupés, au contraire de ceux
» du corps *ligneux*. Cet Auteur avoue que M. Hook le lui a
» fait voir , & qu'il l'a pleinement convaincu que la moëlle
» n'est autre chose qu'un amas de plusieurs petits *bouillons* ,
» lesquels se dilatent ou se serrent, suivant la dilatation ou la
» compression du corps *ligneux* ; & c'est la raison pour
» laquelle la moëlle n'est pas si large à proportion dans les
» tiges des arbres, que dans celle des autres Plantes qui
» font de même âge , parce que le corps *ligneux* se trouve
» beaucoup moins dilaté dans les arbres que dans les herbes ,
» par exemple , où l'on voit que les derniers rejettons pouf-
» fent souvent jusqu'à la peau à laquelle ils se joignent ; &
» cette moindre dilatation du corps ligneux dans les arbres ,

» vient de ce que dans la plûpart le fuc n'eſt pas ſi impétueux
» ni ſi fort que dans les herbes.

» Il n'y a rien de plus mépriſable qu'une paille, cependant
» il n'y a rien de plus admirable lorſqu'elle ſert encore de
» tige au blé. La deſcription qu'on en trouve ici eſt très-
» curieuſe ; car l'Auteur y explique comment l'élévation de
» la tige du blé ſert à mûrir le fuc ; comment le peu d'épaiſ-
» ſeur de ſes côtés ſert à le ménager, & à en empêcher la
» trop grande diſſipation ; & enfin comment la diſpoſition
» de cette tige, qui eſt ronde & creuſe, ſert à le rendre fer-
» me, & à lui donner aſſez de force pour ſupporter le poids
» de l'épi, de même que les nœuds, qui ſont encore comme
» des tamis, qui filtrent, & qui purifient le fuc lorſqu'il s'é-
» leve vers l'épi pour le nourrir.

» La Nature n'eſt pas moins admirable dans la formation
» des branches qui ſortent des tiges, des bourgeons & des
» nœuds. Les premieres viennent ordinairement du centre
» de la tige, & ne ſont que des ſaillies du fuc qui ſe fermente
» dans la moëlle ; d'où il arrive que les Plantes qui ont moins
» de moëlle que les autres, pouſſent moins de branches ou
» de plus petites ; & que celles qui n'en ont point du tout,
» ne pouſſent point de branches, comme nous le voyons
» dans la tige du blé. Les bourgeons ſe forment des parties
» les plus légeres & les plus volatiles de ce fuc, en partie
» par une extenſion pareille à celle de l'or qu'on tire pour
» être filé, & en partie par une dilatation ſemblable à celle
» de l'eau qui s'éleve en bouillons : ils s'allongent & ſe dé-
» ployent à-peu-près comme une lunette d'approche ; & ſor-
» tant ainſi de la circonférence de la tige, ils ſe changent
» peu-à-peu en branches. Mais comme toutes les parties qui
» compoſent les bourgeons & les branches, ſont portées
» collatéralement vers la circonférence de la tige, elles ren-
» contrent celles qui s'élevent directement vers le haut, &
» s'embarraſſent ſouvent enſemble : il ſe forme des nœuds
» qui arrêtent encore les parties les moins ſubtiles du fuc,
» & qui filtrent les autres ; de ſorte qu'il n'en paſſe dans les
» bourgeons & dans les branches qu'autant qu'il leur en faut,
» & dans toute la pureté néceſſaire.

» Il n'en eſt pas de même de ces nœuds pierreux, dont
» l'amas forme ce qu'on appelle *la carriere* dans les poires
» nommées ordinairement *poires d'étranguillon*; car ces
» nœuds ne ſont autre choſe, ſelon cet Auteur, que pluſieurs
» parties du ſuc endurcies & coagulées de la même maniere
» que celles qu'on voit ſouvent dans les urines, dans les ton-
» neaux de vin, & dans pluſieurs autres liqueurs, par la pré-
» cipitation que cauſent quelquefois le mélange & la force
» des ſucs qui ſe trouvent dans le corps *ligneux* & dans le
» *parenchime*, qui agiſſent les uns ſur les autres.

» Il attribue à la diverſe diſpoſition des fibres que la tige
» pouſſe pour former les feuilles, leurs diverſes grandeurs &
» leur figure particuliere : il veut même que ce ſoit la cauſe
» pour laquelle elles ſont plartes ; & il remarque que la Na-
» ture donne à chaque bourgeon, outre les feuilles dont il
» eſt compoſé, pluſieurs membranes qui le couvrent, &
» qu'il appelle des *ſur-feuilles*, qui lui ſont fort utiles, parce
» que ne s'ouvrant que peu-à-peu, elles ne laiſſent entrer
» dans le bourgeon le vent, la pluie & le ſoleil que par de-
» grés, & à proportion qu'il les peut ſouffrir.

» En parlant des fleurs, il rend raiſon pourquoi certains
» fruits, comme les pommes, les poires, &c. ſe forment
» ſous les fleurs ; & quelques autres, comme les ceriſes,
» les abricots, &c. ſe forment en-dedans. Il en attribue la
» cauſe à la ſolidité ou à la délicateſſe de la pulpe. Les pre-
» miers ayant la pulpe fort ſolide, n'ont quaſi rien à craindre,
» ainſi la Nature ne ſe met pas beaucoup en peine de les
» mettre à couvert ; au lieu que les ceriſes, les abricots &
» les autres fruits pareils ſe formant au commencement du
» printemps, qui eſt quelquefois aſſez froid, périroient in-
» failliblement, s'ils n'étoient enveloppés dans les fleurs.

» Il explique de même pourquoi le fruit devient générale-
» ment meilleur à manger que les autres parties des Plantes.
» Il croit que ſa ſituation y contribue beaucoup, parce que
» les parties les plus groſſieres du ſuc demeurant dans les
» feuilles, il n'entre dans le fruit que les plus pures & les
» plus délicates. La figure du fruit n'y eſt pas non plus inu-
» tile ; car la plûpart des fruits étant ronds, ou à peu-près,

» il y entre une grande quantité de fuc , qui fe trouvant éga-
» lement répandu dans toutes les parties , s'y mûrit & s'y
» purifie plus doucement & mieux qu'ailleurs ; & c'eft auffi
» pour cette raifon qu'il marque que les fruits les plus ronds
» font les plus délicats ; que les pommes *duracines* & les poi-
» res de bergamote font ordinairement fort bonnes , & que
» les raifins font les plus agréables de tous les fruits ; & enfin
» que parmi les grains de raifin , les plus ronds font les meil-
» leurs ».

CHAPITRE X.

Des Racines des Plantes , & de leur accroiffement.

APRÉS avoir donné dans le chapitre précédent une idée
générale de l'anatomie des Plantes , je vais dans celui-
ci entrer un peu plus particulierement dans le détail des parties dont elles font compofées , & que le microfcope nous
met à portée d'appercevoir. Cet inftrument nous fert à découvrir dans les racines des plantes , les différentes parties
organiques dont elles font compofées , & au moyen defquelles la végétation s'opere. La Planche 12 repréfente une
racine d'abfinthe , & celle d'une rave coupée tranfverfale-
ment , telles qu'on les apperçoit à la vûe fimple , figure 1 &
figure 3 , *T.* Les deux quarts de cercle , figure 2 & figure 4 ,
repréfentent une partie des mêmes racines vûes au microfcope , ou avec une forte loupe. Dans la figure 2 , qui repréfente la racine d'abfinthe , 1°. *A b* eft la peau ou membrane
extérieure qui enveloppe la racine : 2°. depuis *A* jufqu'à *C*
dans la racine d'abfinthe , eft l'écorce , qui eft une fubftance
membraneufe compofée en partie d'un grand nombre de petites véficules *B , B , B :* 3°. le bois de la racine eft toute
cette partie qu'on voit entre *B* & *E* dans la racine de rave ,
& depuis *C* jufqu'au centre dans la racine d'abfinthe : 4°. le
bois de la racine eft auffi compofé de deux fubftances différentes, dont l'une eft ligneufe , & proprement le bois *E , E , E ;*
& l'autre parenchimeufe & femblable à celle de l'écorce,

comme

Planche 12.

comme D, D, D, qui s'insere régulierement entre les portions du bois. Ces différentes substances se distinguent fort
aisément dans la racine d'absinthe ; mais on ne les apperçoit
pas si bien dans la rave & dans les autres racines : 5°. on
voit dans le bois les orifices de différens tuyaux a, a, a, qui
forment l'embouchure des conduits à air : 6°. depuis C jusqu'en E dans la rave, on apperçoit un autre petit cercle de
vaisseaux semblables à ceux de l'écorce : 7°. enfin depuis E
jusqu'au centre de la rave se trouve la moelle, composée
d'une même substance parenchymeuse & spongieuse, que les
vesicules qui forment l'écorce & une partie du bois. Mais la
moelle n'est pas commune à toutes les racines, on n'en apperçoit point dans la racine d'absinthe.

Quant à l'usage de ces différentes parties, les vesicules
qu'on voit dans l'écorce, font qu'on peut la considérer comme une substance spongieuse, propre à recevoir & à sucer
les parties aqueuses de la terre, qui sont imprégnées du prin-
cipe de la vie végétative. Cette eau imprégnée que boit
l'écorce, est ce que l'on appelle *seve*. La peau de la racine
sert comme d'un filtre pour passer la seve, & la purifier à
son entrée dans la racine. La seve ainsi filtrée & introduite
dans la racine, fermente dans la substance de l'écorce, &
devient par-là plus travaillée ; elle s'insinue plus aisément
d'elle-même dans la substance parenchymeuse de la racine,
après quoi cette seve est fixée, tant par l'impulsion de la
nouvelle seve, que par le mouvement des vesicules tendues
du parenchyme, à entrer dans les autres parties de la racine,
& elle est toûjours filtrée de plus en plus en passant d'une
vesicule à l'autre. Cette seve ainsi distribuée dans toute la
racine, fournit à ses parties organiques les principes de nutrition dont chacune a besoin ; & ainsi par l'application constante de ces principes nourrissans, la racine reçoit dans chacune de ses parties son accroissement, sa solidité, &c.

Le même méchanisme est continué de la racine au tronc
de la plante, pour y porter cette substance végétable, comme il est aisé de le voir dans la Planche 13, fig. 1, que j'ai
tirée de l'Anatomie des Plantes du Docteur Grew, où T
représente le quart d'une section de branche de noisetier,

telle qu'elle paroît à la vûe fimple. *A G B* eft une portion
de la même branche, telle qu'elle paroit au-travers d'un bon
microfcope ; *A B* en eft la peau, *A B C D* l'écorce, *Q Q Q*
le parenchyme des veffies ou vaiffeaux de la feve; *H I* eft un
cercle de vaiffeau d'une efpece particuliere, *P P* font les
conduits ordinaires de la feve ; *C D F* la fubftance du bois
de trois ans, *K L F E* le bois de deux ans, *M N E F* le
bois d'un an, *X X* les infertions parenchymeufes, *O* la
moelle pleine de veficules : les parties noires font le bois fo-
lide ; le grand nombre de trous qu'on y apperçoit, font les
embouchures des conduits à air.

La feve nourriciere monte la premiere année de la naiffance d'une plante, par les vaiffeaux de la moelle, après
quoi la moelle devient feche, & continue toûjours à le devenir de plus en plus. 2°. La partie fuivante, à-travers laquelle la feve monte, eft le bois ; c'eft par les conduits à air
qu'elle paffe, & ce n'eft que dans la faifon du printemps.
3°. La troifieme partie par laquelle la feve monte dans la
plante, eft l'écorce, & cette opération fe fait la plus grande
partie de l'année.

Ceux qui voudront un plus grand détail fur cette matiere,
doivent confulter l'ouvrage du Docteur Grew, dont j'ai tiré
ce que je viens de rapporter, & la ftatique des végétaux
par M. Hales.

CHAPITRE XI.

Des Sels en général.

PERSONNE ne contefte, à ce que je crois, qu'il ne fe
rencontre des Sels dans tous les corps, & que les différentes figures & les diverfes impreffions de ces Sels occafion-
nent des changemens furprenans dans les fluides auffi-bien
que dans les folides, dans les corps animés & dans ceux qui
font inanimés. Les particules falines venant à frapper lse
nerfs des animaux, excitent la fenfation du goût & de l'odorat ; & comme la forme & le degré d'impulfion de ces Sels

se diversifient presqu'à l'infini, suivant le plus ou le moins de délicatesse des organes sur lesquels ils agissent, il est donc d'une très-grande conséquence de découvrir ce que nous pourrons sur la nature de ces Sels.

Le microscope fait connoître que le piquant du vinaigre est occasionné par une multitude de Sels longs, ayant quatre angles, qui flottent dans cette liqueur. Chacun de ces Sels s'éleve en pyramide dans son milieu, & il a deux bouts extrèmement pointus. On ne peut pas découvrir ces Sels facilement, parce qu'ils sont extrèmement petits, à moins que l'on n'expose à l'air une goutte ou deux de vinaigre, pour que la plus grande partie en soit évaporée avant d'essayer de les examiner.

On voit dans la Planche 14, figure 1, la figure des Sels du vinaigre.

Si on fait infuser des yeux d'écrevisse dans le vinaigre, lorsque la fermentation sera cessée, & qu'on examine les Sels, on les trouvera tout changés ; les pointes sembleront rompues, & ils paroîtront avoir différentes formes quarrées, telles qu'on les voit représentées dans la figure 2.

Les différentes especes de vins donnent des Sels de forme différente ; il y en a qui ressemblent à ceux du vinaigre, mais ils n'ont pas les pointes si aiguës : les uns ont la forme d'un batteau, les autres celle d'un fuseau. Il y en a qui ressemblent à la navette d'un Tisserand, d'autres sont quarrés, &c.

On a représenté dans la figure 3, a, b, les Sels du sucre candi.

Pour extraire les Sels des végétaux, il faut faire brûler les bois, les branches & les feuilles de quelqu'arbre ou de quelque plante que ce soit, pour les réduire en cendres : on fait ensuite passer de l'eau au travers de ces cendres. Cette eau étant filtrée, on la met évaporer dans un lieu frais, & les Sels s'y formeront suivant leurs différentes formes.

Pour tirer les Sels des métaux & des minéraux, il faut les faire rougir au feu & les éteindre dans l'eau ; filtrer cette eau, la faire évaporer, & ensuite crystallifer.

De fort jolis Sels à observer, sont ceux de la potasse d'An-

gleterre & de celle de Moſcovie ; le Sel d'abſinthe , le Sel
ou ſucre de ſaturne , le Sel de tartre , le Sel ammoniac , le Sel
d'ambre , &c. On examinera d'abord ces Sels lorſqu'ils ſont
ſecs , & enſuite lorſqu'on les aura fait diſſoudre , pour avoir
le plaiſir de les voir ſe former ſous les yeux.

Les Sels qu'on trouve dans tous les corps qu'on analyſe
par le feu , peuvent être conſidérés comme autant de petites
chevilles ou de clous qui pénetrent & s'inſinuent dans les
pores des autres corps , & qui collent enſemble leurs parties : mais comme les chevilles ou les clous , lorſqu'ils ſont
trop gros & en trop grand nombre , ſervent ſeulement à ſéparer & à déchirer les parties des corps , de même les Sels
peuvent ſouvent percer , diviſer & diſſoudre , au lieu de
joindre & de raffermir. Les Sels ſont véritablement de ſim-
ples inſtrumens qui ne peuvent pas plus agir d'eux-mêmes
ſur les corps , qu'un clou ne peut agir s'il n'eſt chaſſé par le
marteau. Les Sels ſont chaſſés dans les corps ou par la preſ-
ſion des autres corps , ou par le reſſort de l'air qui agit ſur
eux. De même que les Sels entrent dans les pores de tous les
corps , l'eau pareillement s'inſinue dans ceux des Sels ; elle
en détache les particules , les ſépare , & elle les ſoûtient ſuſ-
pendues dans ſes interſtices ; juſqu'à ce que les particules de
l'eau ſe trouvant en repos , les Sels ſe précipitent & ſe réu-
niſſent en maſſe : par ce pouvoir de diſſolution qui ſe trouve
dans l'eau , elle devient le véhicule des Sels , & elle les in-
troduit dans les pores des corps , où elle les abandonne pour
y agir ſuivant leur deſtination.

On peut auſſi , par le moyen du microſcope , découvrir
quelles eſpeces de Sels ſe rencontrent dans les eaux minéra-
les ; ce qui peut nous faire juger dans quelles occaſions ces
eaux peuvent être employées utilement.

Les quatre eſpeces de Sels foſſiles les plus connus , ſont
le vitriol , l'alun , le ſalpetre , & le Sel marin , auxquels on
en peut ajoûter un cinquieme qui eſt moins connu , quoiqu'il ſoit plus commun qu'aucun autre ; ſçavoir le Sel de
chaux.

Le vitriol eſt produit par des marcaſſites ferrugineuſes.
Lorſqu'il eſt à ſon point de maturité & de perfection , ſes

cryſtaux ſont toûjours pointus à chaque bout ; ils ſont compoſés de dix plans dont les côtés ſont inégaux , c'eſt-à-dire que les quatre plans du milieu ſont pentagones , & que chaque pointe eſt compoſée de trois plans triangulaires , tels qu'on les voit repréſentés dans la figure 4.

L'alun brûlé & diſſous dans de l'eau , que l'on fait filtrer enſuite , donne des cryſtaux dont le haut & le bas ſont deux plans à ſix angles ; leurs côtés paroiſſent compoſés de trois plans qui ont auſſi ſix angles , & de ſix plans quadrangulaires , leſquels ſont placés alternativement ; de ſorte que chaque cryſtal parfait eſt compoſé de onze plans , ſçavoir cinq ſexangulaires , & ſix quadrangulaires , tels qu'on les voit fig. 5.

L'eau des ſources ſalées , ou Sel gemme , donne des cryſtaux dont la forme eſt parfaitement cubique : il y a un des plans qui dans le milieu paroit avoir une partie plus brillante , comme s'il y avoit quelque choſe de manque en cet endroit ; les cinq autres côtés ſont blancs & ſolides , fig. 6.

Si l'on fait bouillir de l'eau de mer juſqu'à ſiccité , & que l'on en faſſe diſſoudre le Sel dans un peu d'eau , on aura auſſi des cryſtaux cubiques ; mais ils ont une différence remarquable avec ceux du Sel gemme ; car dans les cryſtaux du Sel marin , tous les angles du cube paroiſſent abattus , & les coins ſont triangulaires , figure 11 au lieu que les cryſtaux du Sel gemme ont tous leurs angles aigus & parfaits , fig. 6.

Le nitre ou ſalpetre ſe met de lui-même en cryſtaux qui ont ſix angles , ils ſont longs & déliés ; leurs côtés ſont des parallélogrammes , dont un des bouts ſe termine toûjours , ſoit en priſme , ſoit en angle , ſuivant la poſition des deux plans inégaux ; l'autre bout eſt toûjours raboteux , & il paroit comme s'il étoit rompu. *Voyez* fig. 7. *a*, *b*.

Le Sel foſſile le plus général , quoique le moins connu parmi nous , eſt une eſpece de Sel de chaux que l'on tire du mortier des anciennes murailles ; ſes cryſtaux ſont longs & déliés ; leurs côtés ſont formés de quatre parallélogrammes inégaux ; un de leurs bouts eſt formé de deux plans dont les côtés ſont triangulaires ; l'autre bout ſe termine en deux plans quadrangulaires , quoique ces deux bouts ſe trouvent rarement ſans être rompus. Il y a de ces cryſtaux qui ſe trouvent quelquefois avoir cinq côtés ; toutes les variétés qui s'y peuvent rencontrer , font repréfentées fig. 8. *a*, *b*, *c*, *d*, *e*, *f*, *g*.

Le vitriol imparfait , & qui n'a point encore acquis toute fa perfection , eft un Sel blanc , dont les cryftaux font des cubes rhomboïdes , comme on les voit repréfentés fig. 9.

Les cryftaux du Sel des fources falées , qui ne font point encore à leur maturité & à leur perfection , font de la forme qui eft repréfentée dans la figure 10. *a* , *b* , *c*.

Les particules de chacun de ces Sels , foit en tombant les unes fur les autres , foit en s'uniffant fur une même bafe , fe forment en maffes qui font toûjours invariables , & elles confervent toûjours une même figure réguliere , laquelle eft particuliere à chaque différente efpece de Sel : mais lorfqu'on veut les examiner au microfcope , il vaut mieux que les maffes foient plus petites , leurs figures y étant toûjours plus parfaites & plus diftinctes.

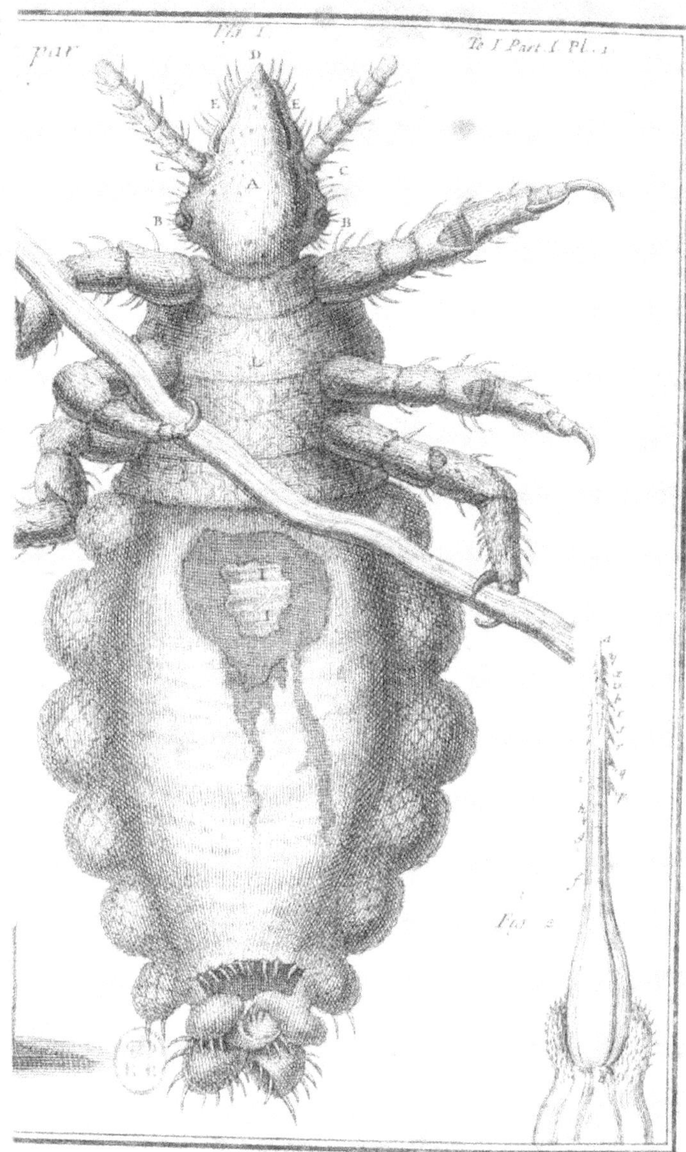

Pl.V
Fig. I
To I Part I Pl. 1
D
E E
C C
A
B B
L
I
Fig. 2
Haussard Sculp.

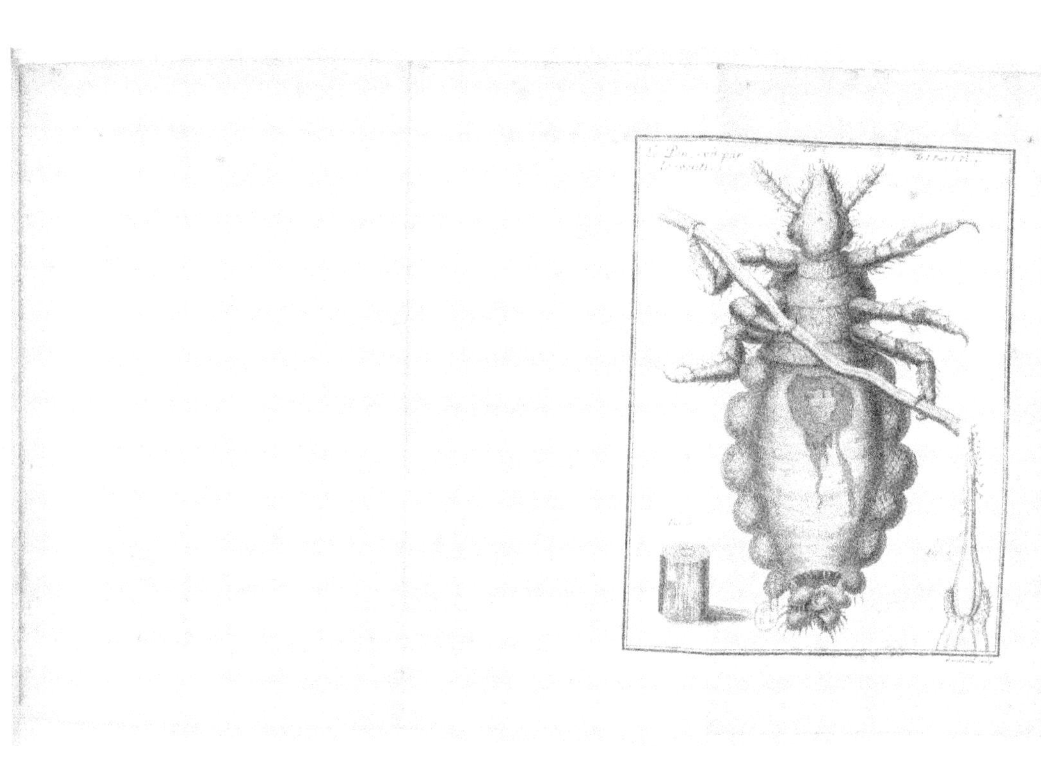

To. I. Part. I. Pl. 2.

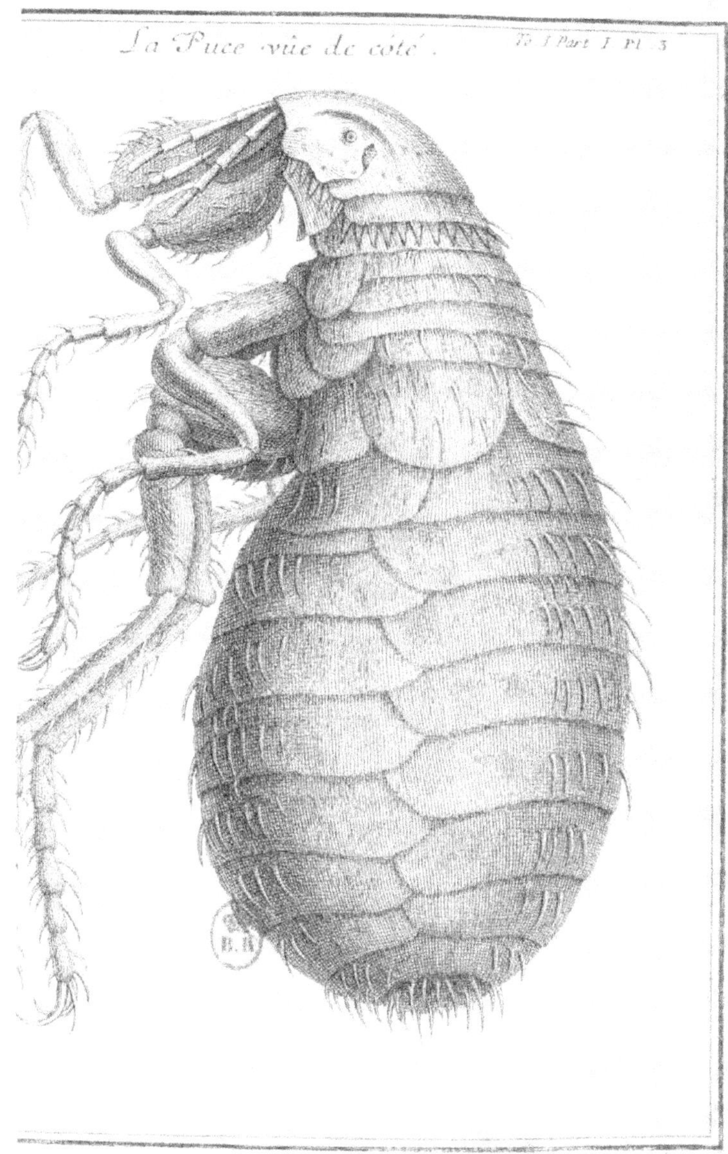

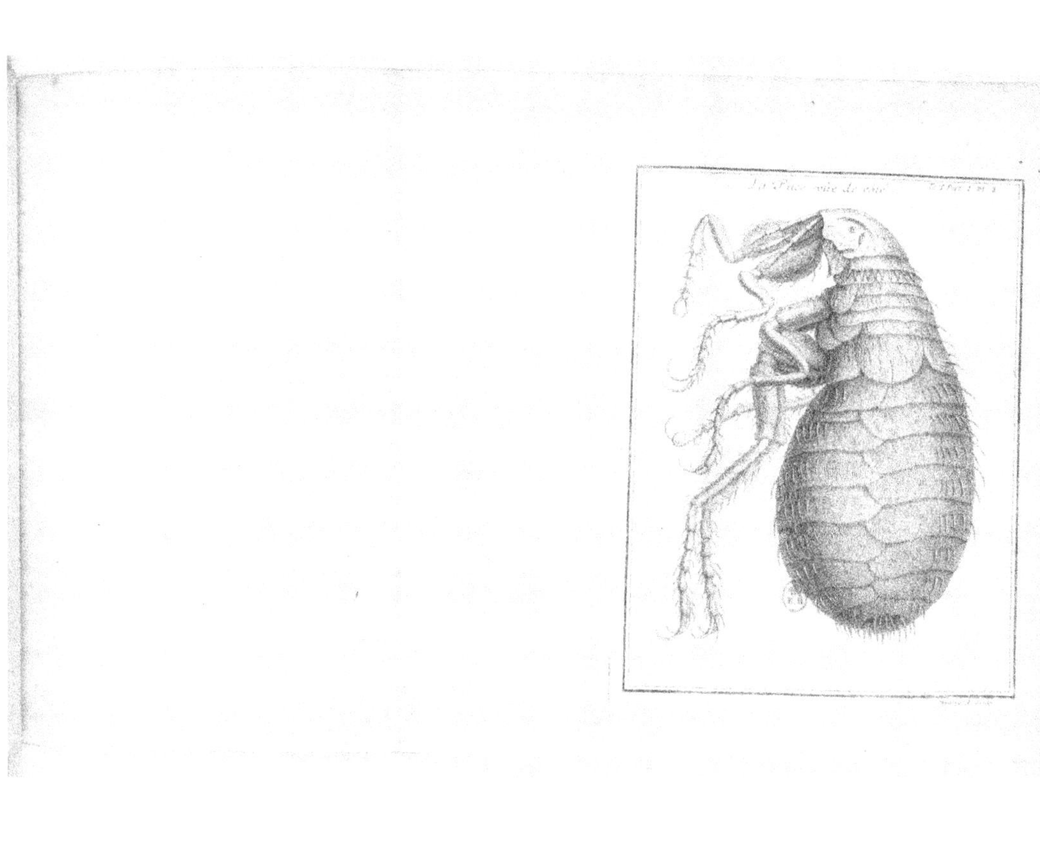
La Puce vûe de côté

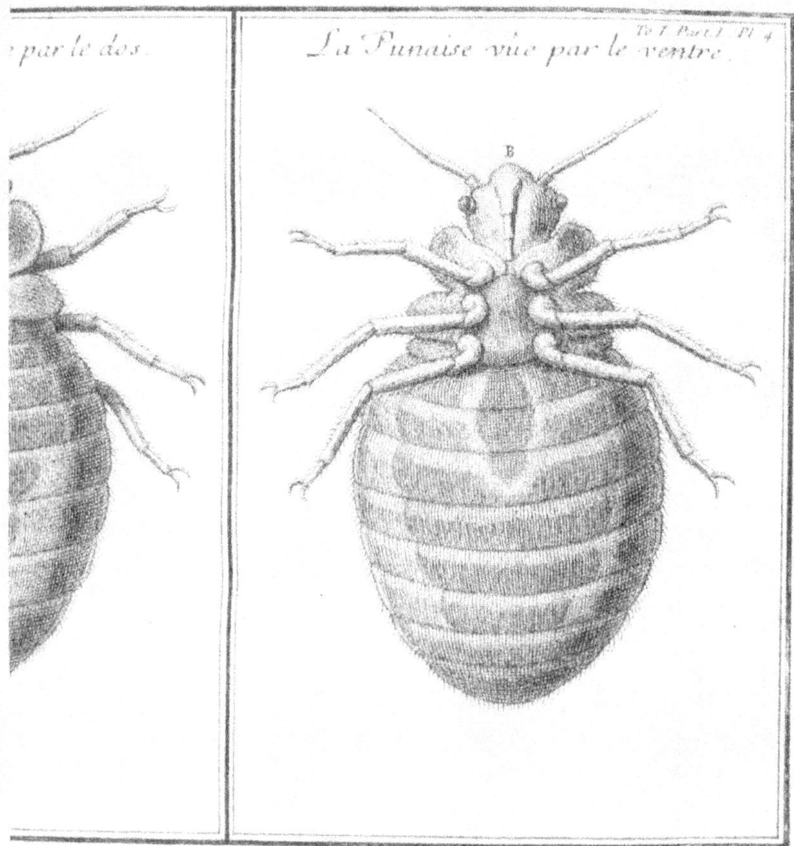

e par le dos. La Punaise vûe par le ventre.

Houzeau Sculp.

La Punaise vue par le dos
La Punaise vue par le ventre

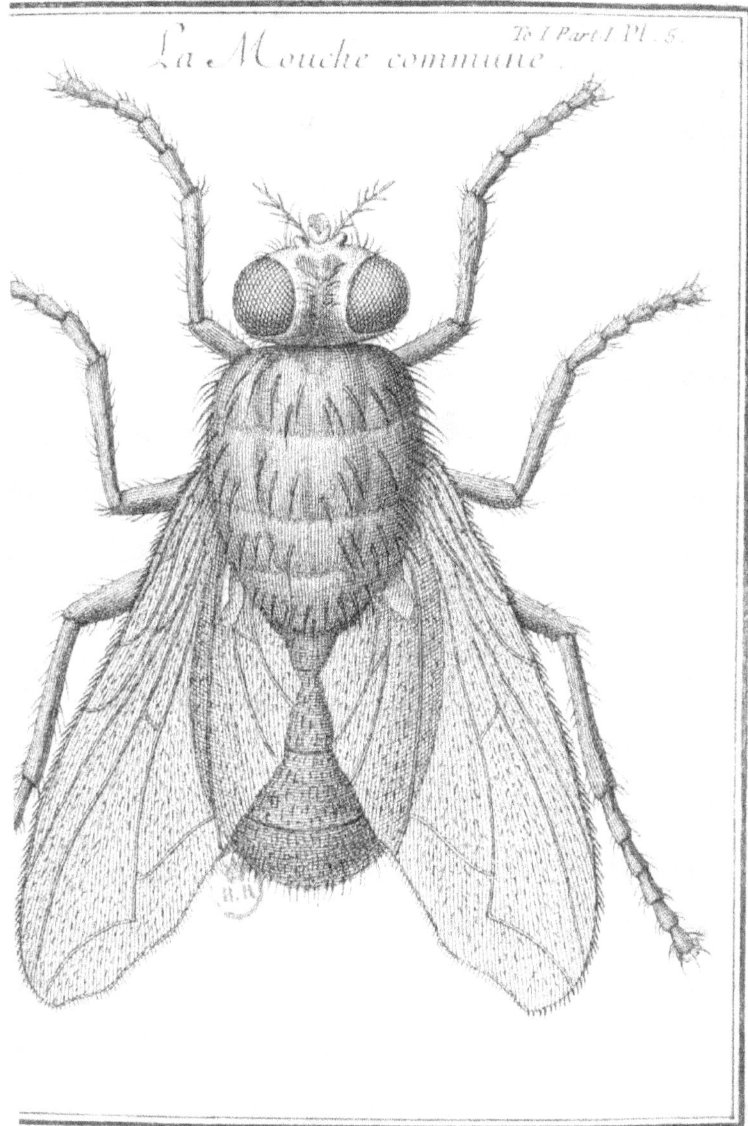
La Mouche commune
To. I Part I Pl. 5.
Haussard Sculp.

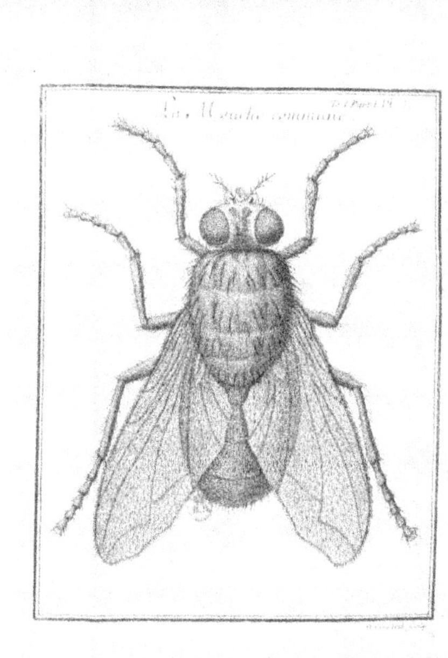
La Mouche commune.
T.1 Pag.14

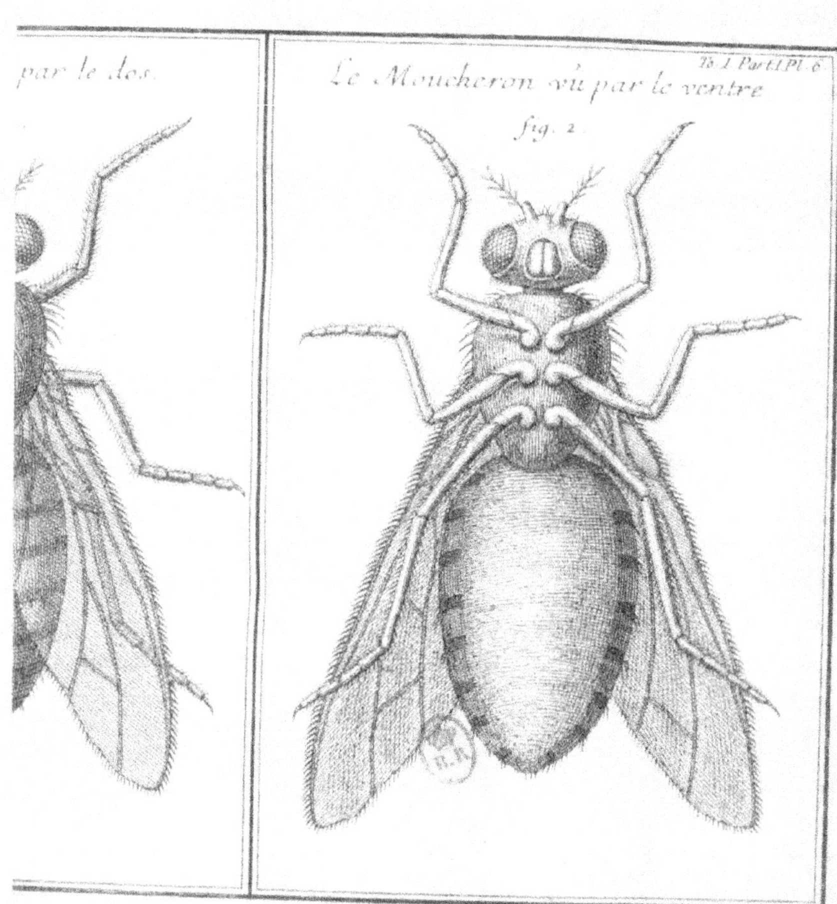

par le dos.
Le Moucheron vû par le ventre
fig. 2.
To. I. Part I. Pl. 6.
par le dos.
Haussard Sculp.

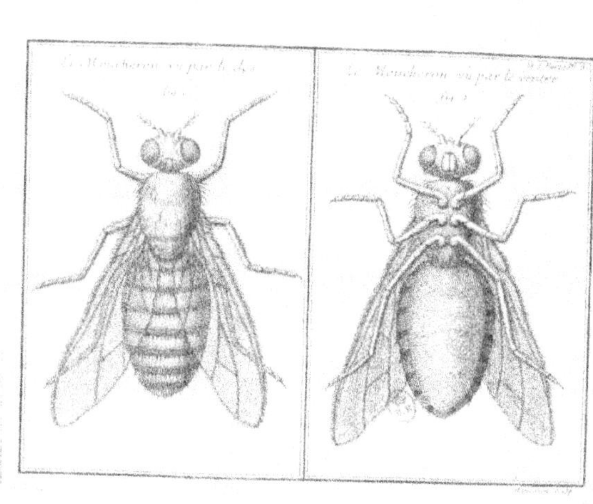
Le Moucheron vu par le dos
Fig. 1
Le Moucheron vu par le ventre
Fig. 2

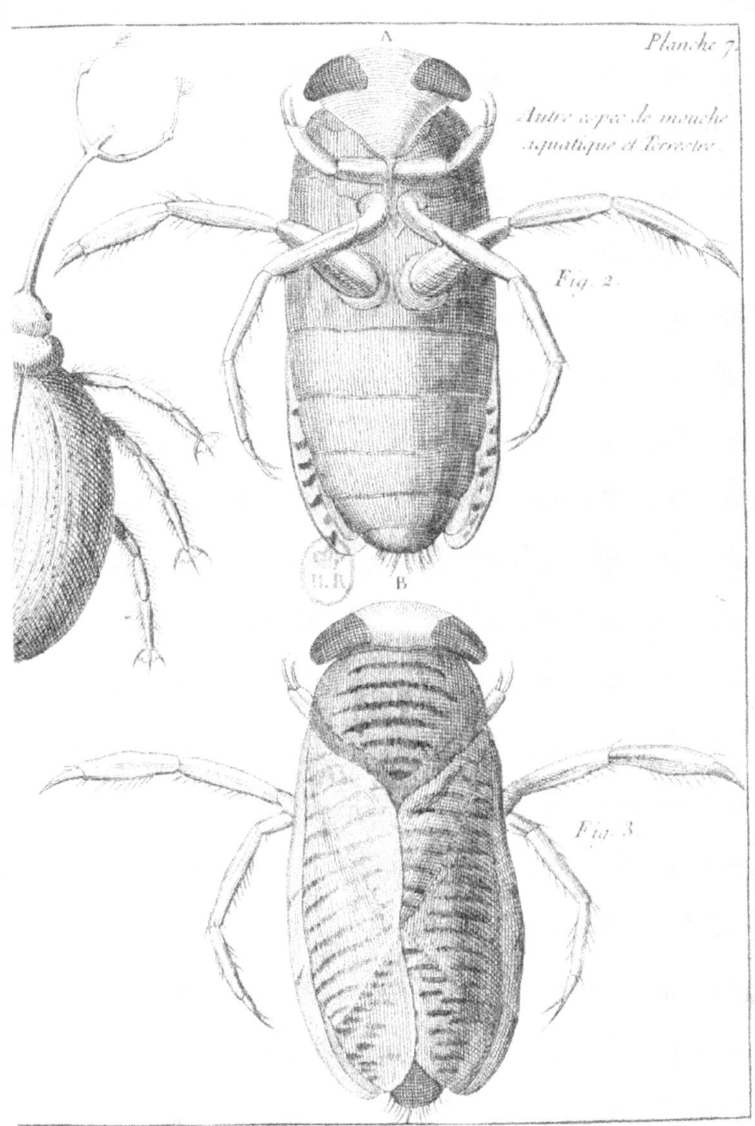
Planche 7.
A
Autre espèce de mouche
aquatique et terrestre.
Fig. 2
B
Fig. 3

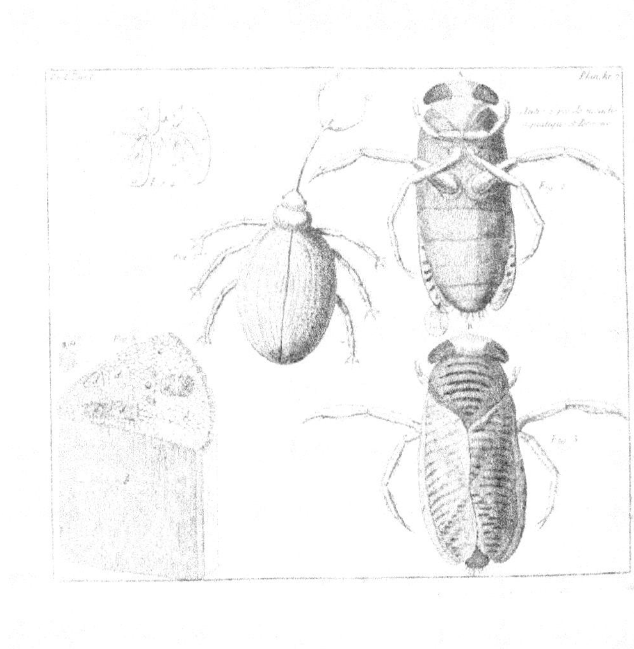

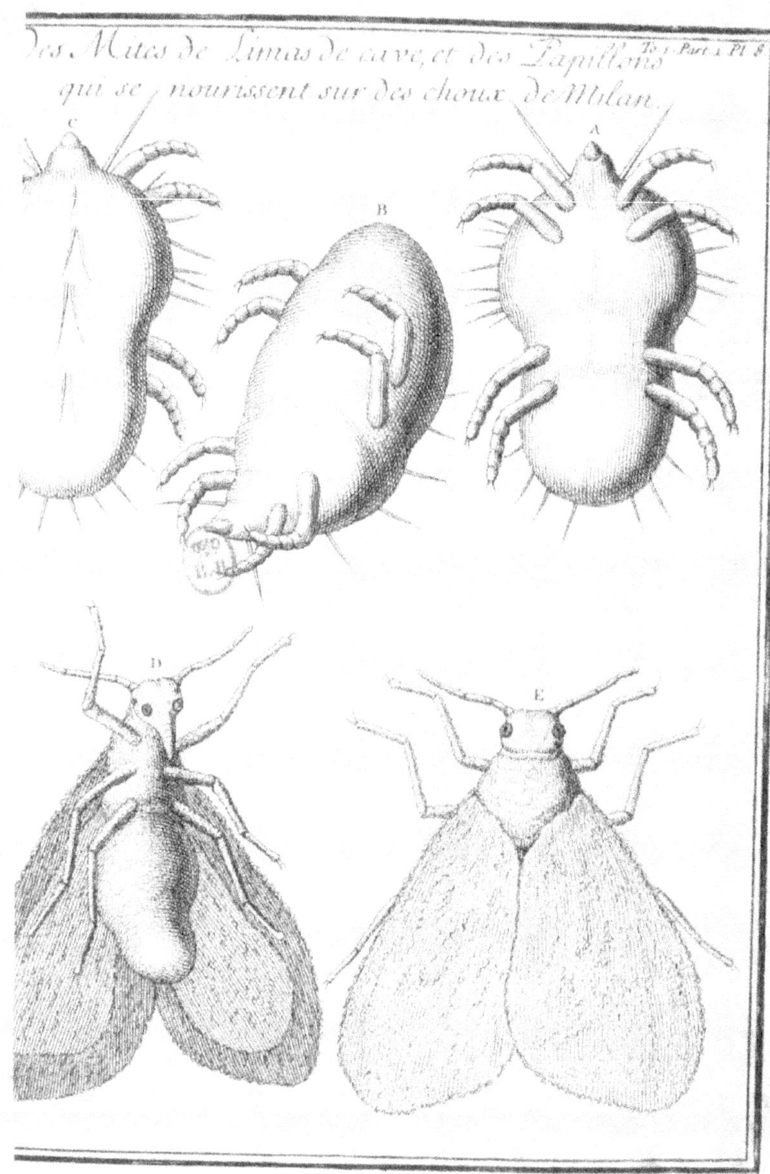

Tom. 1. Part. 1. Pl. 8
Des Mittes de Limas de cave, et des Papillons
qui se nourissent sur des choux de Milan.
C
B
A
D
E
Haussard Sculp.

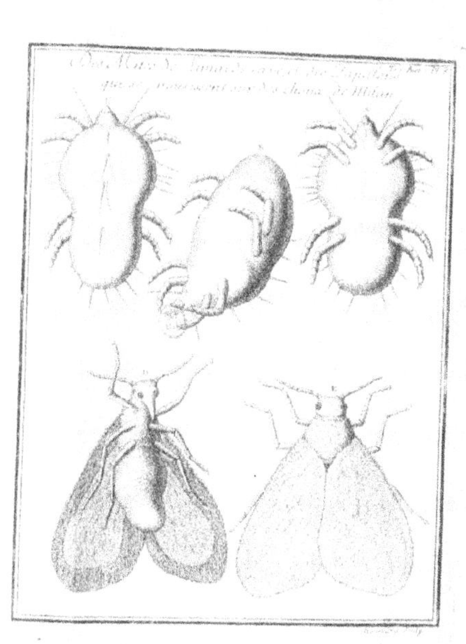

Des, l'une vuë par le dos, et l'autre par le ventre.

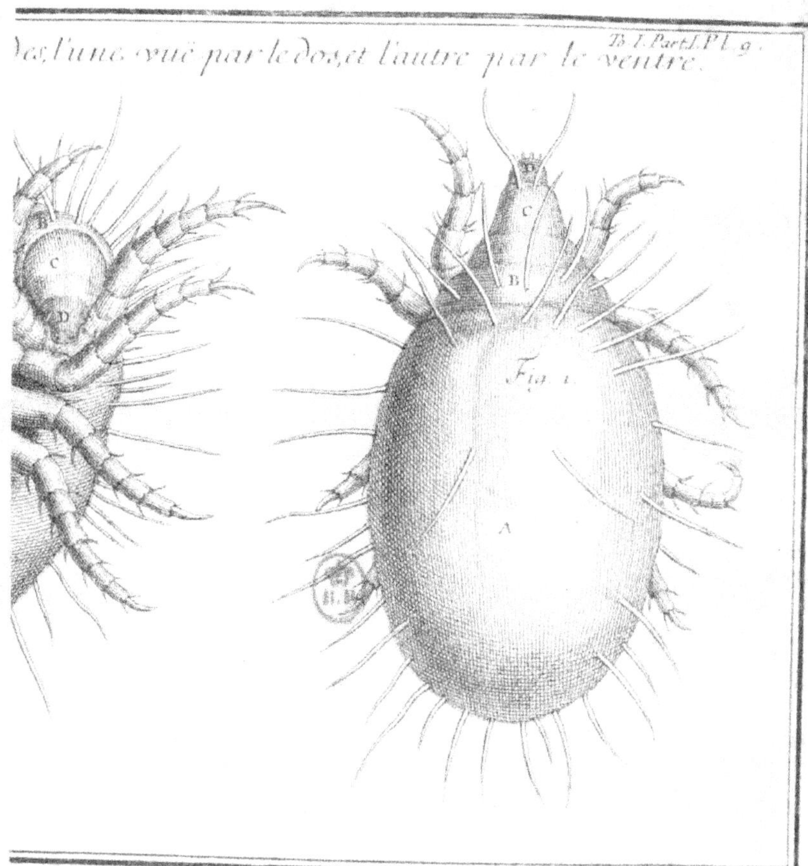

Hanssard Sculp.

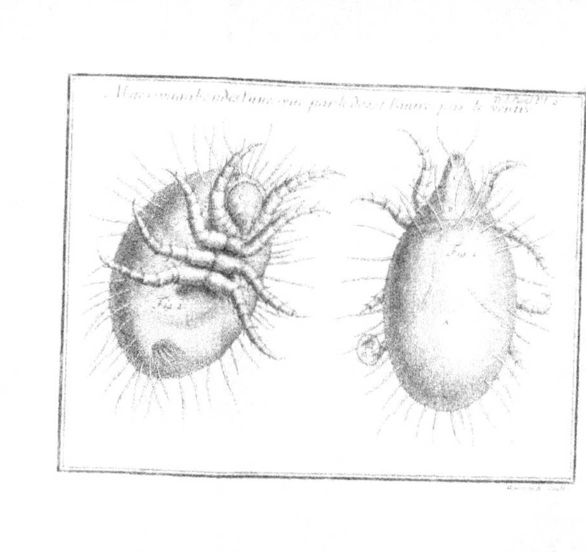

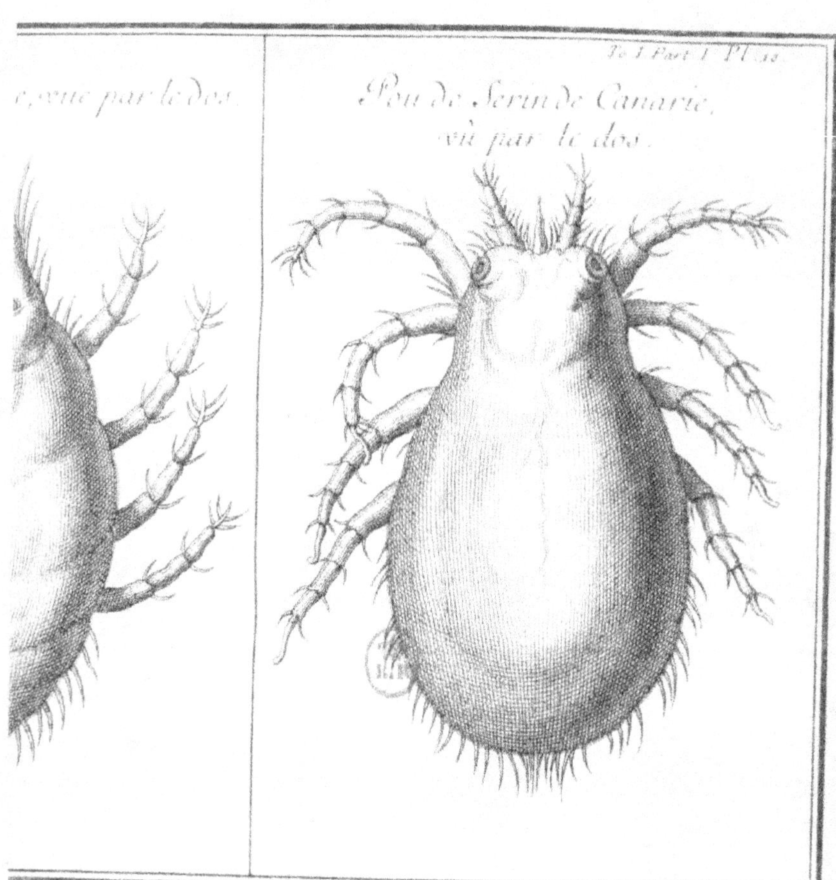

Haussard Sculp.

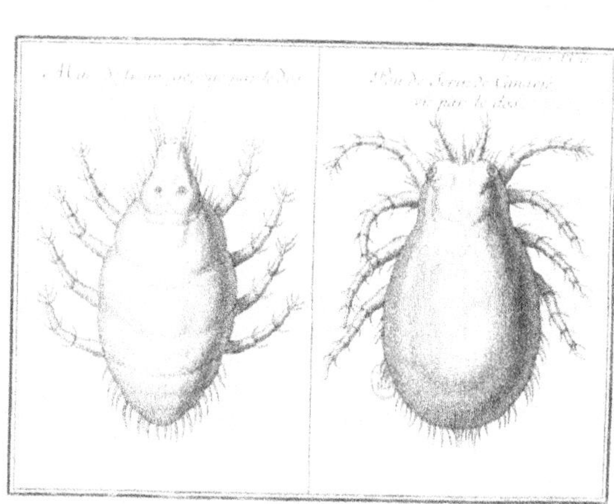

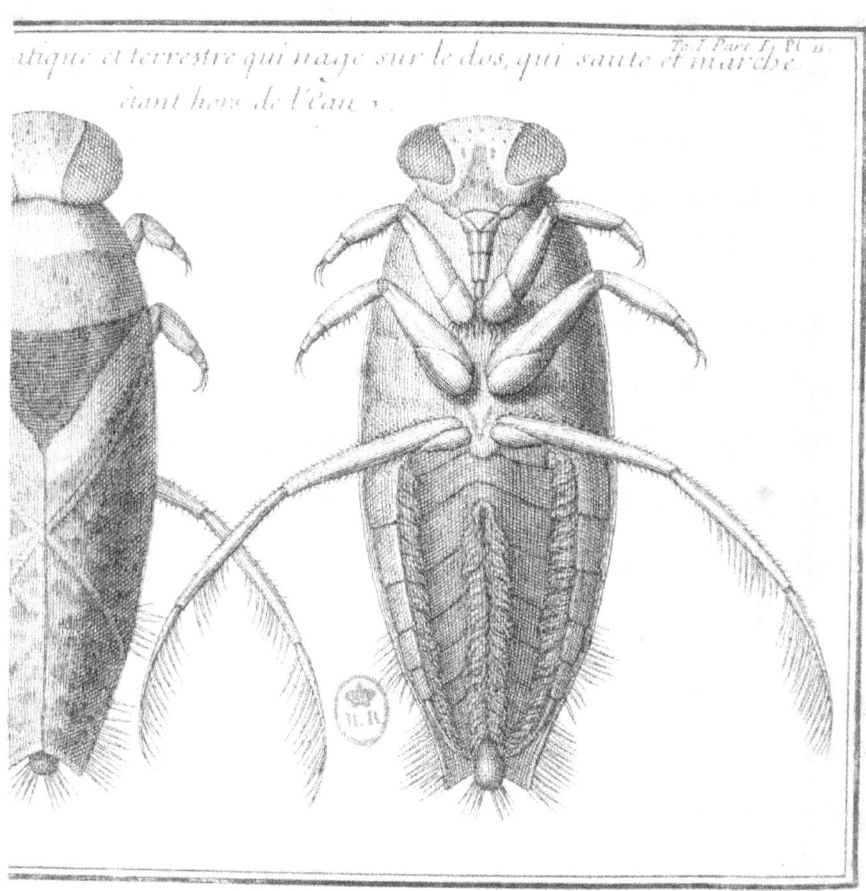

To. I. Part I, Pl. 11.
...atique et terrestre qui nage sur le dos, qui saute et marche
étant hors de l'eau.
Harrewyn Sculp.

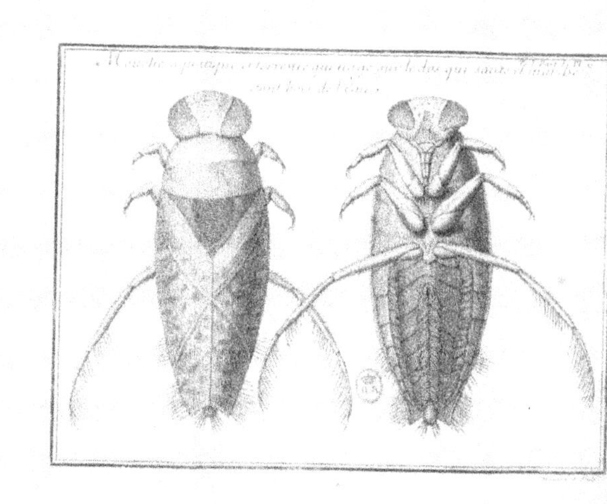

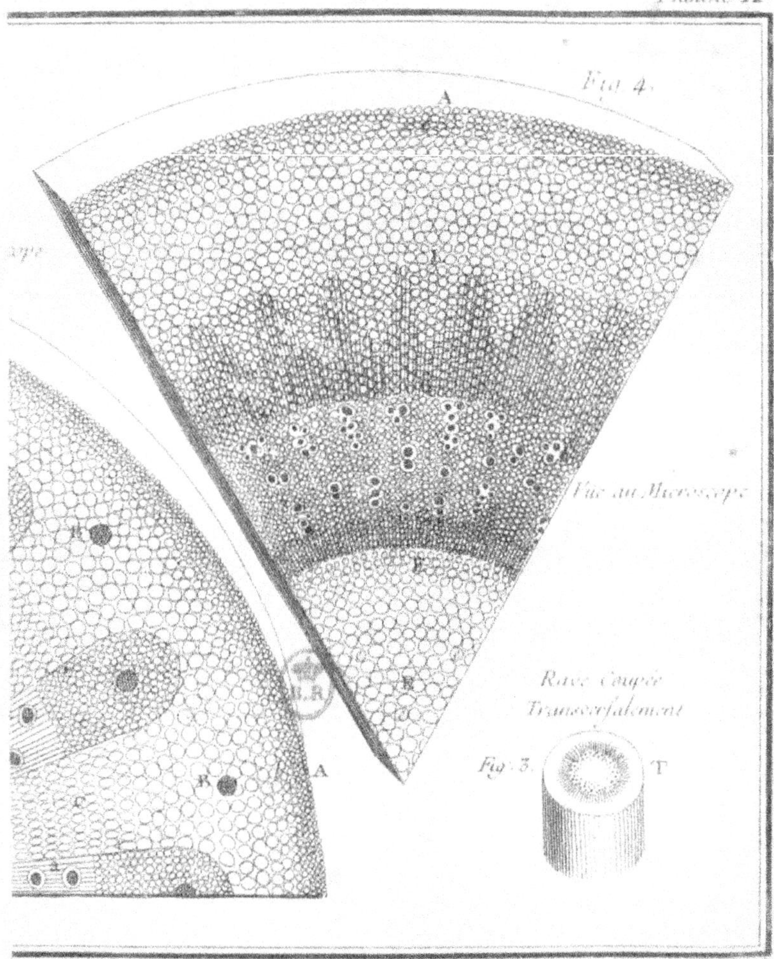

Fig. 4.
Vue au Microscope
Rave Coupée
Transversalement
Fig. 3.
T
A
B

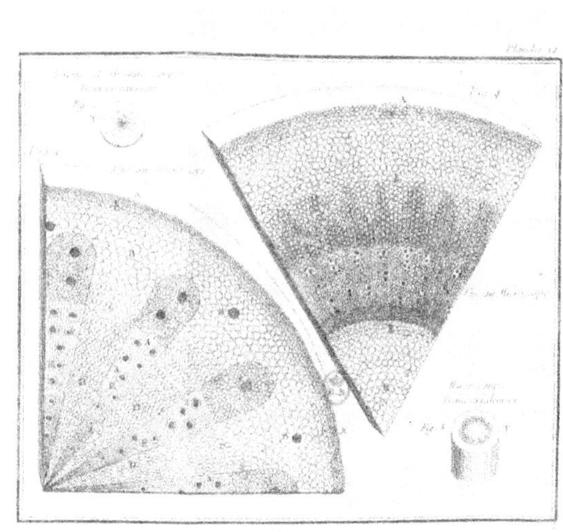

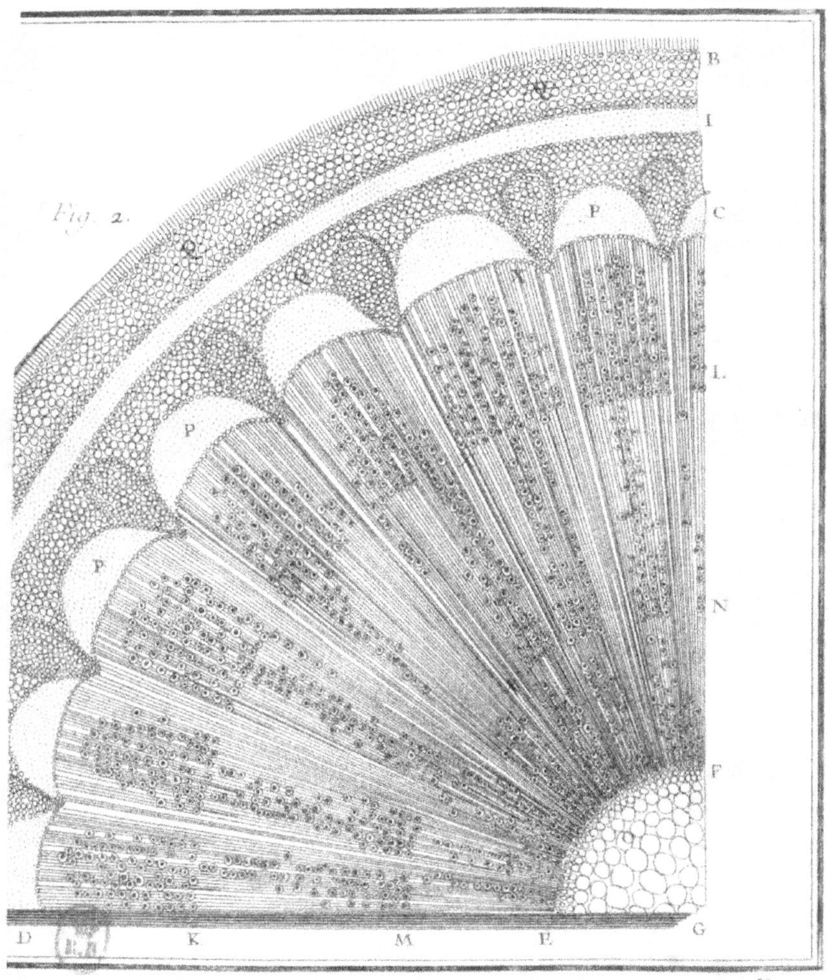
Fig. 2.
B
I
C
P
Q
Q
P
P
P
P
L
N
F
D
K
M
E
G
K

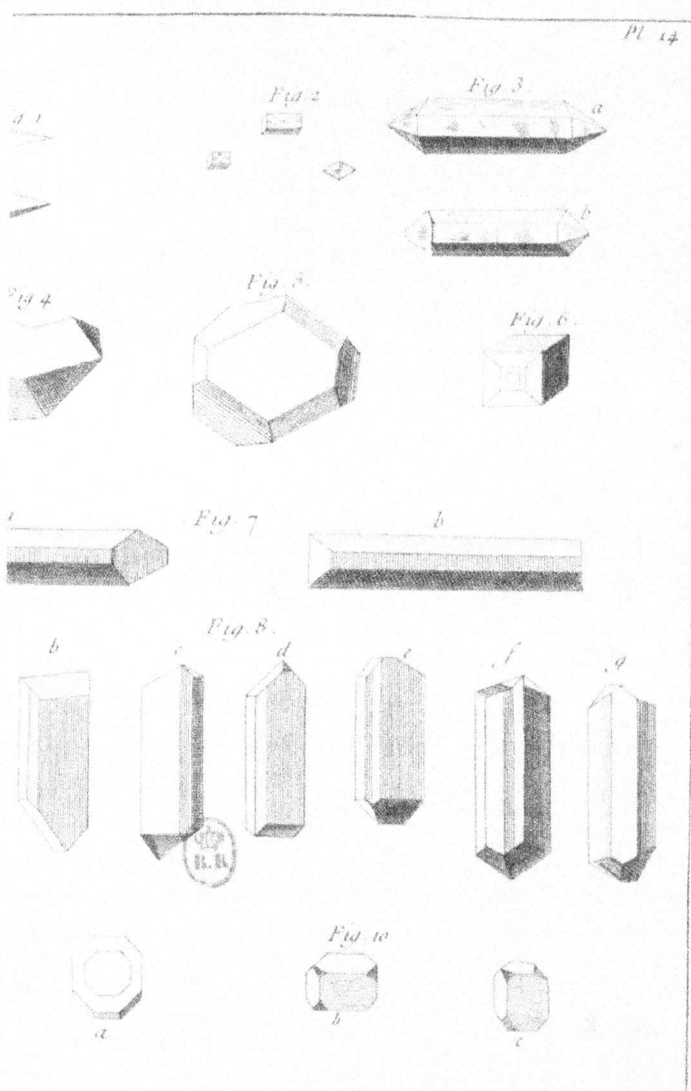

Pl. 14
Fig. 1
Fig. 2
Fig. 3
a
b
Fig. 4
Fig. 5
Fig. 6
Fig. 7
b
Fig. 8
b
d
e
f
g
Fig. 10
a
b
c

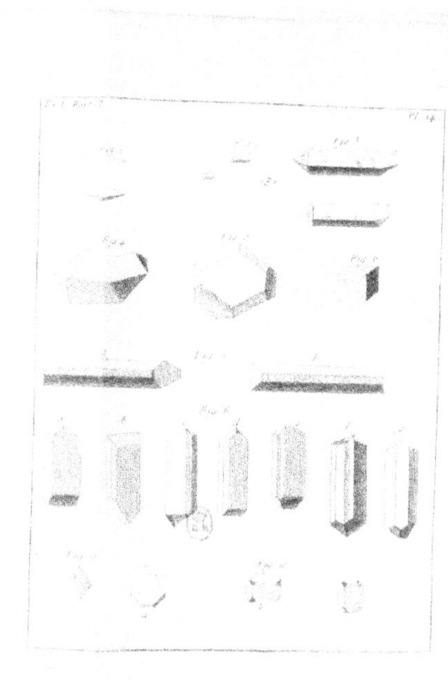

OBSERVATIONS

D'HISTOIRE NATURELLE,

FAITES

AVEC LE MICROSCOPE.

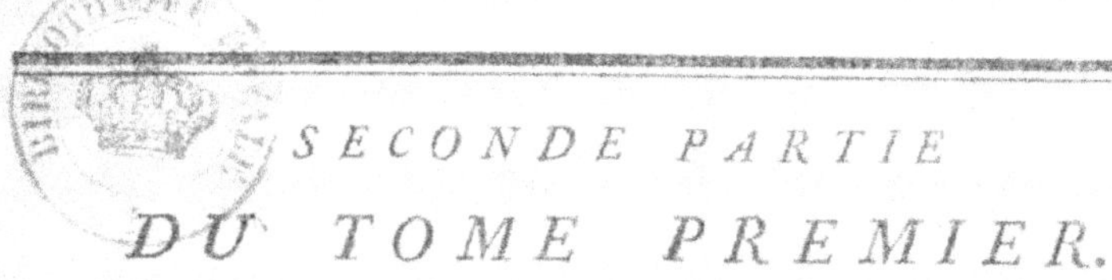

SECONDE PARTIE
DU TOME PREMIER.

OBSERVATIONS

D'HISTOIRE NATURELLE,

FAITES

AVEC LE MICROSCOPE.

SECONDE PARTIE.

CHAPITRE PREMIER.

Des Anguilles, Serpens ou petits Vers que l'on trouve dans le vinaigre.

E n'est pas d'aujourd'hui qu'on est assuré que le vinaigre contient en été beaucoup de petites Anguilles, mais ce n'eſt que depuis l'invention du Microſcope que l'on s'eſt apperçû que ces Serpens * ont une queue fort aiguë; & c'eſt ce qui a donné occaſion à pluſieurs perſonnes de croire que le vinaigre ne piquoit que par l'impreſſion que ces petits animaux faiſoient ſur la langue : mais les diverſes expériences que nous avons faites ſur ce ſujet, nous perſuadent que ce n'eſt point à ces animaux qu'il faut attribuer l'acidité qui ſe remarque dans cette liqueur, mais ſeulement à ſes parties inviſibles, puiſque nous avons vû de bon vinaigre ſans Anguilles.

Au commencement du mois d'Avril de l'année 1680, nous n'apperçumes aucun de ces inſectes dans du vinaigre qui avoit été expoſé au ſoleil durant quelques heures.

Vers la fin du mois de Juin de la même année, & tout le reſte de l'été, il étoit difficile de trouver dans Paris du vinaigre dans lequel il n'y eût point d'Anguilles ; & cela fit que bien des gens qui les avoient vûes dans nos Microſcopes, diſcontinuerent de manger de la ſalade. J'avois beau leur dire qu'elles étoient environ cent mille fois plus petites qu'ils ne les voyoient par ces inſtrumens ; que la chaleur de l'eſtomac les faiſoit mourir en un inſtant ; & que puiſqu'ils avoient mangé de la ſalade juſqu'à préſent, ſans en avoir reſſenti aucune incommodité, ils pouvoient continuer ſans danger l'uſage d'une choſe qui leur faiſoit plaiſir : & quoique toutes ces raiſons leur paruſſent aſſez ſolides & aſſez

---

* Les conjectures, *dit un Auteur fameux*, & les hypotheſes que l'on a formées ſur la production, la génération, la ſtructure & l'uſage de ces petits animaux, ont été auſſi differentes, & peut-être auſſi éloignées de la vérité, qu'aucune qui ait jamais été formée par le caprice, ou embraſſée par la crédulité des hommes ; mais ces conjectures, cette obſcurité & ces ténébres ont été bannies depuis qu'on a découvert par le ſecours des Microſcopes, non-ſeulement que ces petits animaux exiſtent, mais encore leurs différentes figures & leurs différens degrés de mouvement. *James.*

convain-

convaincantes pour les tirer de l'erreur où ils étoient ; la
plûpart ne pouvoient comprendre que des serpens qui leur
avoient paru plus gros que le doigt, & plus longs que le bras,
ne fissent quelque mauvaise impression sur les membranes interieures de l'estomach.

Ce qui nous engagea à faire quelques experiences pour
separer ces animaux d'avec le vinaigre, & le purger d'une
chose qu'on s'imaginoit capable de nuire à la santé.

La premiere experience que je fis fut de passer le vinaigre
au travers d'un tamis assez fin ; mais je connus que les petites
anguilles passoient aussi avec la liqueur.

2°. Je fis chauffer du vinaigre sur le feu sans le faire boüillir ; toutes les anguilles perirent sans que la force du vinaigre
fut considerablement diminuée.

3°. J'exposay encore de cette liqueur durant deux heures
au Soleil, & la même chose arriva, de maniere qu'au bout
de quelque tems la plus grande partie de ces animaux furent
precipitez au fond de la bouteille.

Enfin faisant passer le vinaigre au travers d'un papier
broüillard, ou d'une chausse, l'on aura tout d'un coup la liqueur comme on la veut.

Les animaux dont nous parlons se multiplient, & grossis-
sent en peu de tems jusqu'à un certain point ; & on remarque
que l'air leur est si nécessaire, qu'on les voit s'amasser en
beaucoup plus grand nombre vers la superficie de la liqueur,
que par tout ailleurs ; & s'ils descendent quelquefois au fond
du vaisseau, ils remontent bien-tôt aprés jusqu'au haut pour
y respirer.

Si l'on prend deux bouteilles au commencement du mois
de May, & qu'on les remplisse d'un vinaigre pur, bouchant
l'une des deux bouteilles, & laissant l'autre ouverte, on verra dans la suite des anguilles dans celle-cy, & point dans
l'autre, au moins pendant tout le tems qu'elle aura été bien
bouchée.

Ceux qui croyent que toutes les generations se font par
les œufs, disent qu'au commencement des chaleurs certains
petits animaux imperceptibles à nos yeux, qui volent ou nagent dans l'air, étant comme attirez par les parties spiritueu-

fes qui s'exalent continuellement du vinaigre, laiſſent tomber des œufs dans cette liqueur, où recevant une chaleur moderée, & cauſée par une douce fermentation, ils y peuvent éclore, & fournir ainſi en peu de tems les petits animaux dont je parle.

Cette maniere de faire naître les anguilles du vinaigre, ne s'accorde pas avec ce que deux de mes amis ont obſervé dans quelques petites gouttes de vinaigre miſes dans un Microſcope; ni avec ce que j'ay vû dans deux ſemblables experiences, dont je parleray à la fin de cette ſeconde Partie, où je rapporte exactement les obſervations que j'ay faites ſur deux petites anguilles qui alloient & venoient dans les corps de leurs meres.

Cela ſuppoſé, il ne paroît pas qu'on puiſſe rapporter l'origine des anguilles du vinaigre à aucune corruption qu'on pourroit ſuppoſer y être ſurvenuë, puiſqu'on ne trouve en cette liqueur aucun changement ſenſible, ſoit avant ou aprés leur naiſſance.

Monſieur Amontons, de l'Academie Royale des Sciences, m'apporta un jour une petite bouteille de vinaigre diſtilé, qui étoit d'une force extraordinaire, & qui contenoit un nombre prodigieux de petites anguilles d'une tres-grande vivacité. Je conſervay cette liqueur durant quinze mois ou environ, ſans boucher la bouteille; de ſorte que s'étant évaporée, il ne reſta plus au fond de cette bouteille qu'un ſediment fort épais, & d'une odeur aſſez deſagréable.

Ces animaux meurent ſouvent d'une eſpece de paralyſie qui attaque d'abord une partie de leurs petits corps, ſouvent auſſi on voit qu'elles en gueriſſent en peu de tems, particulierement durant les chaleurs de l'eſté, pourvû que la tête ne ſoit pas attaquée de cette maladie.

Il eſt aſſez rare de voir vivre ces anguilles durant une année entiere; ſoit parce qu'elles manquent de nourriture, ſoit parce qu'elles ne reſpirent pas un air aſſez chaud, où elles ſe conſervent bien mieux qu'elles ne font ailleurs.

Planche 1. En A, on voit deux de ces anguilles figurer enſemble, de telle maniere qu'elles s'accordent à faire des ondulations pareilles; on en voit même quelquefois juſqu'à cinq ſe mouvoir ainſi.

En B , B , B , B, on en voit quatre autres courbées diverfement , & qui fe débandent avec autant de vîteſſe que feroit un reſſort de pendule qu'on auroit plié de même qu'elles
le font.

En C il s'en voit une dont la queuë eſt diviſée en deux parties ; ce qui eſt ſi rare, qu'en plus de 36. années d'obſervations , je n'en ay vû que deux à la queuë fourchuë.

Celle qui eſt marquée D , a la bouche toute ronde de même que les précedentes , quoy qu'elles ne ſoient pas repre-
ſentées de même. On a jugé à propos d'en varier ainſi les
deſſeins , pour ſatisfaire ceux qui ſe perſuadent que ce ſont
veritablement des ſerpens. Comme ces anguilles ſont d'une
vivacité extraordinaire , & qu'elles ſe mouvent avec beaucoup de vîteſſe , on eſt obligé d'attendre qu'une bonne partie de la liqueur que l'on met ſur le concave de verre ſoit
évaporée ; afin que leur mouvement ſoit conſiderablement
rallenti , pour appercevoir leur bouche , & pluſieurs autres
circonſtances particulieres qu'on remarque en ces petits
poiſſons.

Le peu d'étenduë qu'à cette Planche ne m'a pas permis
de les repreſenter de la groſſeur ni de la longueur que je les
ay vûës & fait voir à des perſonnes qui en ont été effrayées.
Je ne la détermine point icy cette groſſeur ; car cela dépend
du foyer de la lentille dont on ſe ſert pour les obſerver.

Quelque attention que j'aye pû donner à obſerver la tête
de ces anguilles pour en découvrir les yeux , je n'ay jamais
pû en venir à bout, ſoit à cauſe de leur petiteſſe , ou à cauſe
que la liqueur venant à s'épaiſſir & à ſe deſſecher , elle les
couvre & y forme un voile qui ne permet pas qu'on les apperçoive au travers : je ſuis cependant tres-aſſuré qu'elles
en ont ; car les détours qu'on leur voit faire pour s'éviter les
unes les autres , ne permettent pas d'en douter un moment.

Si l'on veut conſerver les anguilles du vinaigre durant plus
d'un an , il faut avoir ſoin de remplir la bouteille où elles
ſont , à meſure que l'évaporation s'en fait.

Il eſt tres-rare de voir dans le bon vinaigre d'autres animaux mêlez avec les anguilles ; mais on en trouve aſſez ſouvent dans les vinaigres corrompus ou gâtez , & même en

tres-grand nombre, particulierement si l'on y mêle beaucoup d'eau commune, & qu'on le garde débouché durant plusieurs semaines ; & ce qu'il y a de particulier à observer est, que si l'on ajoûte une tres-petite goutte de vinaigre ordinaire avec celuy où il se trouve de ces animaux, ceux-cy perissent en un instant, & les premieres anguilles subsistent, & même elles paroissent avoir plus de vigueur qu'elles n'en avoient auparavant.

On verra dans la suite de cette seconde Partie beaucoup d'autres anguilles, qui ont pris naissance dans des infusions toutes differentes les unes des autres, & qui sont d'une autre nature que celles du vinaigre.

Enfin nous avons encore observé que les anguilles du vinaigre subsistoient dans une infusion de poivre en grain mis dans de l'eau commune ; & que les animaux de cette infusion meurent tout subitement étant mêlez avec quelque peu de vinaigre.

CHAPITRE II.

Du vinaigre commun.

LEs Vinaigriers font un si grand mystere de la maniere de faire le vinaigre, qu'ils ne l'enseignent à leurs apprentifs qu'au bout de sept années. Peut-être sera-t'on surpris de ce qu'ils en usent ainsi, lorsqu'on sçaura le peu de précaution qu'il faut prendre pour faire de bon vinaigre ; car il suffit d'échauder un baril neuf avec de l'eau commune toute boüillante, & de mettre en sa place, le plus vîte qu'il est possible, le meilleur vin qu'on puisse avoir, & quelque peu de sel ; car c'est principalement de la bonté du vin que dépend celle du vinaigre.

Il faut observer que le vinaigre se perfectionne mieux & se fait plus promptement quand le vaisseau est dans un lieu chaud & débouché, que lorsqu'on le tient bouché & dans un lieu froid : on aura ainsi au bout d'un mois ou deux d'excellent vinaigre ; & pour l'entretenir il faudra avoir soin de remplir de bon vin le même vaisseau, à mesure que l'évaporation ou la consommation s'en fera.

Si l'on veut que le vin s'aigrisse promptement, il faut mettre le baril dans un lieu chaud, & y mêler de tems en tems la partie la plus claire de la lie du vin, tirée par expression.

Monsieur Hombert, de l'Académie Royale des Sciences, a proposé une maniere nouvelle de faire du vinaigre avec du bon vin, la plus prompte de toutes : elle consiste à attacher une bouteille, ayant environ les deux tiers de sa capacité pleine de vin, à un cliquet de moulin : les frequentes secousses que la liqueur y reçoit brisent tellement ses principes, & ce qui luy donnoit de la douceur, qu'elle devient en peu d'heures un vinaigre tres-fort, qui se garde long-tems dans le même état.

CHAPITRE III.

Des vinaigres composez.

TOus les vinaigres composez se préparent, en y ajoûtant seulement des roses, ou des fleurs de sureau, de l'ail, ou de l'estragon, &c. avec quelques clous de gerofles, & un peu de poivre, si on l'aime.

Cette composition donne de l'agrément à ces vinaigres ; mais elle ne les rend pas exempts de la production des anguilles ; tout au contraire, j'en ay plus trouvé dans ces sortes de liqueurs composées, que dans le vinaigre commun.

CHAPITRE IV.

Nouvelles observations sur les anguilles du vinaigre, faites avec le Microscope représenté en la Planche septiéme.

LE 25. Septembre 1710, sur les neuf heures du soir, je mis une petite goutte de vinaigre, qui contenoit des anguilles, sur un petit concave de verre qui sert de porte-objet au Microscope; & je m'avisay de couvrir d'un petit verre plan des deux côtez le dessus de ce concave, afin d'empêcher l'évaporation subite de la goutte de vinaigre; ce qui me réüssit parfaitement.

1°. Il se forma d'abord au milieu du concave un petit cercle d'air extrémement rond, qui n'occupoit qu'une partie du petit enfoncement, dans lequel il ne parut aucune anguille.

2°. Toute la liqueur se plaça dans une espece de zone, comprise entre la circonference de cet air, & celle qui termine le concave de verre : tous les animaux qu'on avoit mis dans le concave, se trouverent rangez dans cette zone comme dans une prison.

3°. On apperçût le lendemain, dans la même zone, un grand nombre de petites boules de diverses grosseurs, qui paroissoient ombrées & éclairées avec tant d'art, que plus on les consideroit, plus on les admiroit.

4°. La rondeur de ces boules, qui semblent être de fer ou d'acier, paroît si exacte, & leurs surfaces si polies, qu'il seroit impossible au plus habile ouvrier d'atteindre à une si grande justesse.

Parmy toutes ces boules d'air, on en remarque qui ont bien un pouce apparent de diametre, d'autres un demi pouce; & encore de si petites, que l'on a de la peine à les bien distinguer.

Quoyque ces boules n'ayent d'elles-mêmes aucune agitation, on ne laisse pas d'y remarquer deux mouvemens parti-

culiers; celuy que la liqueur leur communique, & celuy qui
leur est causé par les allées & venuës des anguilles qui les
pousfent en les rencontrant; ce qui produit un spectacle assez
agréable, pour récompenser du tems que l'on employe à les
observer.

Les raisons de toutes ces choses m'ont paru si faciles à
trouver, que je n'ay pas crû les devoir rapporter. J'omet aussi
plusieurs circonstances dont je ne dis rien, afin de donner
aux spectateurs la satisfaction de les découvrir.

Il y a cependant une remarque à faire, qui peut, ce me
semble, servir à décider une question; qui est de sçavoir, si
les objets que nous voyons dans tous les Microscopes en ge-
neral, sont apperçûs simplement par une lumiere refléchie
de dessus ces objets; comme il arrive dans les Microscopes
où l'on regarde les objets de haut en bas: ou si on les apperçoit dans les Microscopes à liqueurs, par les rayons qui les
ont traversez simplement, & qui passant ensuite au travers
de la lentille, vont peindre leurs images sur la retine; ou enfin si on voit ces objets par des rayons de lumiere, qui n'ar-
rivent à l'œil qu'après avoir traversé les objets, s'être réfléchis à la rencontre des parties solides de la lentille, & de
celles des corps qui les renvoyent à l'œil.

Pour résoudre solidement toutes ces questions, nous join-
drons les experiences de ce Chapitre qui les regardent avec
plusieurs autres que l'on verra à la fin de cet Ouvrage, dans
une Dissertation particuliere.

En couvrant, comme j'ay dit, la petite goutte de vinaigre
qui se met sur le concave, on pourra facilement transporter
le Microscope ainsi préparé, & faire voir les boules d'air &
les anguilles quand on voudra.

Si pendant que l'on tient le Microscope, & que l'on observe ce qui s'y passe, on vient à le tourner rondement avec les
doigts & avec assez de vitesse, les boules d'air seront apper-
çûes s'y mouvoir d'un sens tout opposé; ce qui doit nécessairement arriver: car puisque le volume d'air qui compose
chaque boule, est plus leger qu'un égal volume de la liqueur
où elle nage, il s'ensuit que ces boules d'air doivent être re-
poussées vers le lieu d'où ce mouvement circulaire les éloi-
gnoit.

Le tranfport qui fe fait du Microfcope , fert à multiplier le nombre des boules , en diminuant leur groffeur par l'agitation qu'on leur donne.

Quand la chaleur diminuë fenfiblement, on apperçoit que le mouvement des anguilles diminuë auffi ; de forte que le matin elles fe remuent plus difficilement que vers le refte du jour ; ce qui vient fans doute de la réfiftance des parties du liquide où elles nagent , qui fe trouvent differemment agitées en differentes parties du jour , & du plus ou du moins de foupleffe des organes deftinées au mouvement de ces petits animaux.

Quand j'obferve dans ce Microfcope les petits globules qu'une pierre à fufil vient d'arracher d'un morceau d'acier par un mouvement tres-violent, ils me paroiffent clairs & lumineux du côté qui fe prefente à mon œil , en les regardant à la lumiere d'une chandelle , quoyqu'ils foient d'eux-mêmes tres-opaques : d'où je conclus , que c'eft par refléxion qu'on les voit ainfi dans ce Microfcope à liqueurs , de même qu'on les verroit avec un Microfcope à deux ou à trois verres , s'ils y étoient regardez comme on y regarde ordinairement les objets.

Pour comprendre comment fe forment les globules d'air qui s'obfervent dans la petite portion de vinaigre où fe trouvent les anguilles ; il fuffira de remarquer que le verre plan , & le verre concave qui en eft couvert , ne fe touchent pas fi parfaitement , qu'il ne s'échape d'entr'eux peu à peu quelques particules de la liqueur qui déterminent une égale quantité d'air à s'infinuer dans le lieu qu'elles abandonnent ; & cet air fe trouvant là également preffé de toutes parts , eft contraint de prendre la figure d'une fphere , tres-petite d'abord , mais qui groffit en peu de tems , par l'addition de plufieurs autres qui fe joignent enfemble , par le mouvement continuel des anguilles de ce vinaigre qui les pouffent l'une contre l'autre , & qui fouvent eft affez confiderable pour diffiper les plus gros de ces globules.

Nous n'avançons rien icy qu'on ne puiffe obferver avec attention ; mais il eft à propos d'avertir que toutes ces circonftances ne fe manifeftent pas en un moment , & que ce qui ne

fe

se peut appercevoir dans un tems, se pourra remarquer dans un autre.

L'espace du concave terminé par la petite circonference de la zone, ne contient ordinairement que de l'air, dont la figure est ronde en un sens, & platte en un autre. Cet air s'y enferme naturellement, en y laissant tomber le petit verre plan des deux côtez, qui sert de couvercle au concave, & il ne se trouve dans le milieu ni liqueur, ni anguilles, ni boules; parce que cet air, par sa compression, les en a éloignez pour en occuper la place; d'où il suit que le vinaigre qui l'environne doit comprimer ce peu d'air, & l'arrondir comme on le voit.

Le jour suivant, à huit heures du matin, j'apperçûs deux ou trois de ces anguilles dont le mouvement n'étoit pas bien libre; leurs corps paroissoient roides, comme si elles eussent été attaquées d'une espece de paralysie: ensuite la chaleur de ma main ayant un peu échauffé l'air qui les environnoit, & la liqueur où elles nageoient; la maladie se dissipa, elles reprirent vigueur, & enfin on leur remarqua autant de force & de souplesse qu'aux autres.

J'observay aussi en même tems que le nombre des globules d'air s'y étoit multiplié durant la nuit, & qu'une anguille ayant ébranlé la plus grosse, l'avoit dissipée en des particules invisibles. Une heure après il se produisit dans la liqueur une fort grosse boule d'air, qui comprimoit celuy qui étoit au milieu du concave, en s'y enfonçant à proportion de sa grosseur.

Le lendemain, environ à pareille heure, j'observai les anguilles qui se transportoient assez librement dans cette liqueur, accompagnées d'une vingtaine de tres-belles boules d'air, dont le tiers me sembloit avoir environ sept à huit lignes de diametre, & les autres plus petites, ne paroissant avoir au plus qu'une demie ligne chacune.

Pendant que l'on observe toutes ces choses à la lumiere d'une bougie, si l'on frappe du doigt la partie exterieure du Microscope qui porte les objets, on s'apperçoit souvent qu'il vient du dehors de tres-petites boules d'air qui s'introduisent dans la zone, en se glissant entre le porte-objet & le petit

verre qui fert à le couvrir ; d'où l'on doit conclure qu'il fort
néceffairement de cette zone tout autant de liqueur qu'il y
entre d'air groffier. Mais fi l'on donne encore quelques petits coups à la piece du Microfcope dont je viens de parler,
pour y faire entrer davantage d'air, il n'y en entrera pas ;
parce qu'alors tout eft plein, & qu'il faut donner le tems à
quelque nouvelle portion de la liqueur de s'évaporer, pour
faire place à de nouvel air.

Le premier & le fecond Octobre je m'apperçûs que la liqueur s'étoit épaiffie, que l'efpace circulaire du milieu du
concave s'étoit augmenté, & que les anguilles avoient plus
de difficulté à s'y mouvoir. Le troifiéme, de cinq anguilles
qu'il y avoit encore en vie le fecond, il ne s'y en trouva plus
qu'une feule vivante, qui mourut le même jour troifiéme à
midy. Ainfi ces animaux ont demeuré en vie neuf jours durant enfermez dans cette zone.

J'ay réiteré plufieurs fois ces mêmes experiences, & j'y ay
toujours remarqué à peu près les mêmes chofes. Toute la
difference la plus remarquable que j'aye obfervée dans une
même quantité de vinaigre, a été l'inégalité de tems qu'elle
a employée à s'évaporer entierement ; une de ces gouttes
ayant été évaporée en neuf jours, une autre en douze, &
une autre en quinze, felon le degré de la chaleur de l'air,
de la faifon, & du lieu où étoit le Microfcope durant ces
experiences.

CHAPITRE V.

*Obfervations faites fur plufieurs fortes d'infufions de poivre en
grain, mis à froid dans de l'eau commune.*

IL y a au moins trente-huit ans que Monfieur Hartfoeker
apporta, de Hollande en France, un nouveau Microfcope à liqueurs, monté d'une feule lentille foufflée, avec lequel il nous fit remarquer qu'en mettant infufer à froid des
grains de poivre noir dans de l'eau commune, on y voyoit

au bout de quelques jours un nombre innombrable de petits
animaux, qui nous ont donné occasion d'observer plusieurs
choses tres-singulieres que nous n'avions point encore vûës.

Premierement, par le moyen de cette lentille de verre,
on a vû des animaux de couleur d'or pâle, à peu près de la
grandeur & de la figure qu'on les voit representez dans cette
Planche, aux endroits marquez B, D, K, H, O, R, L, Planche 2.
avec de petites taches plus transparentes que le reste de leur
corps.

2°. La figure ovale & réguliere sous laquelle ces animaux
paroissent ordinairement, & leur mouvement rapide, ne
permettent pas de déterminer d'abord l'endroit de leur corps
où est la tête; mais avec un peu de patience on le découvre
bien-tôt, par la direction suivant laquelle ils continuent à se
mouvoir. D'ailleurs, la liqueur où ils nagent s'épaississant insensiblement par l'évaporation de ses parties les plus subtiles
& les plus agitées, fait diminuer peu à peu la vitesse de ces
poissons; & c'est alors que l'on peut à loisir observer plusieurs
choses, qui donnent occasion d'admirer la sagesse du Créateur jusques dans la moindre partie des petites créatures que
nous entreprenons de décrire.

3°. On s'apperçoit que deux des animaux de cette infusion
avançant directement, l'un de A en B, & l'autre de C en D
s'en retournant, le premier suivant la ligne ponctuée B E,
& le second de D en F.

4°. J'ay quelquefois observé que deux de ces poissons,
après avoir parcouru l'un la ligne G H, & l'autre la ligne
I K, laissent entr'eux un espace trop petit pour permettre à
un troisiéme marqué L, de le traverser; celuy-cy pris &
serré contre l'un & l'autre, s'allonge en se courbant pour se
sauver vers M.

5°. Il y en a qui après avoir parcouru une ligne droite,
comme N O, tournent si vîte autour du point O, où est la
tête, que leur figure ovale semble devenir circulaire, après
quoy ils s'élancent vers p avec une promptitude extrême. Et
l'on en remarque aussi d'autres, qui après avoir parcouru une
ligne droite, semblable à Q R, tournent sur leur centre de
grandeur & de pesanteur marqué R, traçant ainsi un grand

nombre de circonferences de cercles concentriques les unes aux autres ; puis s'élançant avec une vîtesse extraordinaire, on les voit parcourir une autre ligne droite marquée S T. Voilà ce que nous avons remarqué de plus considerable dans la premiere infusion , dans laquelle il ne paroissoit que des *Ovales* ; c'est ainsi que je nomme ces poissons : & voicy ce qui nous a paru dans une seconde , observée avec des lentilles travaillées à la main , & taillées au tour , qui est la maniere de les faire beaucoup plus parfaites que les précedentes.

La premiere figure represente un poisson , que je nomme la *Poule hupée*, dont la tête est garnie de poil au lieu de plumes : son mouvement le plus ordinaire étoit circulaire. Ce poisson est le seul que j'aye vû dans cette infusion , & je n'en ay jamais apperçû de pareil dans aucune de celles que j'ay preparées.

La seconde espece de poisson , representé à l'endroit marqué 2 , sont des animaux que je nomme *Cornemuses* argentées , & dont je parleray dans la suite de cette Histoire.

La troisiéme , est une grosse araignée aquatique , dont la bouche s'ouvre assez grande pour engloutir les cornemuses précedentes.

La quatriéme figure represente deux de ces araignées accouplées , qui tournent ensemble sur leur centre commun de pesanteur.

La cinquiéme figure en represente deux autres aussi accouplées , mais dont le nager s'execute en ligne droite. Nous décrirons plus exactement ces grosses araignées aquatiques vers la fin de cette seconde Partie , en parlant des animaux que nous avons vûs dans une infusion d'un peu d'ecorce de bois de chêne , qui porte le gland.

La sixiéme figure represente un autre poisson , dont le corps est à peu près semblable à la navette d'un Tisserand. Il a de grands poils au derriere qui luy servent de nageoires.

Enfin au-dessous de l'endroit marqué sept , on y a representé une fourmiliere de petits insectes de diverses figures & grosseurs qui viennent de naître, & qui servent ordinairement de nourriture aux plus gros.

Du poivre blanc.

LE poivre blanc en grain mis en infusion, produira des poissons d'une grande beauté ; mais ce ne sera peut-être pas en aussi peu de jours que les précédens. Les grosses cornemuses de cette infusion avancent & reculent presque également pendant leur nager. Peu de tems avant que la liqueur où on les voit soit totalement desséchée, on s'apperçoit qu'elles deviennent plus grosses qu'elles n'étoient auparavant ; & dans ce moment-là on a le plaisir d'observer un bon nombre d'œufs dans leurs corps, & de remarquer qu'un moment après qu'elle est desséchée, leurs corps changent tellement de forme, qu'ils ne paroissent plus que comme une masse confuse, à cause de leur grande délicatesse.

Du poivre long.

UNe infusion de poivre long mis en entier dans de l'eau commune, ne donnera pas moins de satisfaction que les deux précedentes ; car dans les premiers mois cette infusion est si nette, qu'elle facilite le moyen de decouvrir jusqu'aux parties interieures des poissons que l'on y trouve en grande quantité : & ce qui merite quelque attention, est que cette infusion, ni les deux precedentes, n'exalent aucune mauvaise odeur, quoy qu'elles soient conservées en experience durant plus de quatorze mois. On trouve quelquefois dans cette infusion, un peu vieillie, des animaux que nous avons nommez *Chenilles aquatiques* ; & de nouvelles anguilles, plus grosses & plus courtes que celles qui se voyent ordinairement dans le vinaigre ; mais elles n'y vivent pas si long-tems à beaucoup près.

En conservant ces infusions le plus de tems qu'il est possible, & en les réïterant dans des saisons & dans des années differentes, on apperçoit des animaux differens de ceux qui sont representez dans cette Planche.

Nous finirons ce Chapitre, en avertissant que ces poissons soutiennent les rigueurs d'un hyver tres-rude & tres-long,

& qu'ils se conservent en vie au-dessous d'une glace d'environ deux lignes d'epaisseur ; car à mesure que la surface de l'eau du vaisseau se géle , les poissons s'y enfoncent davantage. Mais si vous faites fondre cette glace , & que vous gardiez cette infusion , vous y verrez ces poissons , au bout d'environ quinze jours d'un tems plus doux , en beaucoup plus grand nombre qu'ils n'y étoient avant que cette eau fut gelée.

CHAPITRE VI.

Observations faites durant une année entiere , de ce qui s'est trouvé dans une infusion à froid de séné.

ENviron le 15. Juillet de l'année 1710. je mis infuser à froid une bonne pincée de feüilles , de queuës & de branches de séné ; & je m'apperçûs qu'au bout d'environ huit jours il y avoit dans cette liqueur quantité de tres-petits corps longuets , separez les uns des autres sans se toucher , & sans avoir d'autre mouvement que celuy qu'ils pouvoient avoir receu de la liqueur où ils étoient. Et par plusieurs observations que j'en ay faites à diverses reprises , je me suis persuadé que ces corpuscules , que vous voyez en A de la troisiéme Planche , n'étoient autre chose que de tres-petites parcelles de l'écorce des branches du séné , & non pas les parties des sels contenuës dans ces choses , comme le vouloit un Medecin à qui je les fis voir ; parce que les sels dissous dans autant d'eau qu'il y en avoit , ne s'y font point appercevoir , non plus que les parties de l'air qui sont éparses dans cette infusion.

Tous ces petits corps étant devenus les uns plus pesans ; par l'union de quelques autres ; les autres plus legers , par leur division ; ceux-là se précipiterent au fond de la carasse , & ceux-cy monterent à la surface de l'eau , pour y composer une pellicule épaisse , molle & opaque , sur laquelle je vis paroître de petits vers blancs , assez sensibles aux yeux nuds.

Environ huit jours après ces vers disparurent, & je fus assez surpris d'en appercevoir de nouveaux, beaucoup plus petits que les premiers : ces petits vers vivoient dans la liqueur, & nageoient un peu au-dessous de sa surface ; j'en mis un dans un petit Microscope monté d'une seule lentille de deux lignes de foyer : sa longueur m'y parut d'environ neuf lignes : il étoit composé en partie d'onze petits anneaux : sa tête étoit ronde à son extrémité ; & par l'autre bout son corps se terminoit quelquefois par un plan perpendiculaire à sa longueur ; & d'autres fois, par trois petites éminences arrondies ; de manière que celle du milieu avoit quelque peu plus de saillie que les deux autres.

Il paroissoit au-dessous de sa peau un filet très-blanc, & ployé ; de manière que ses deux bouts finissoient vers la queuë, d'où ils s'étendoient en droite ligne vers la tête, où ce fil étoit recourbé.

I M, représente le ver, dont la tête est en I, & le derrière en M. Planche 1.

Le fil dont je viens de parler est vû en N O ; & l'on remarquoit qu'il s'allongeoit & se raccourcissoit alternativement, & par ces divers mouvemens il obligeoit les anneaux de ce ver à s'approcher, ou à s'éloigner un peu les uns des autres.

Une partie de la liqueur s'étant évaporée pendant plusieurs jours, j'augmentay le reste par l'addition d'une eau commune, ce qui détrempa tellement la pellicule qui s'étoit formée à la surface de l'infusion, qu'elle se précipita quelque tems après au fond du vaisseau, ce qui rendit l'infusion plus belle & plus transparente qu'elle n'étoit auparavant ; & me donna en même tems occasion d'observer un nouveau spectacle, dont je vais vous parler. Trois sortes de nouveaux poissons se faisoient appercevoir dans la moindre petite goutte que je mettois au Microscope ; sçavoir de très-petits, des moyens & des gros. D, E, F, en sont les Figures. Les gros ressembloient assez à une Cornemuse, chacun d'eux ayant la tête recourbée, comme vous voyez en F ; j'y remarquois aussi deux mouvemens différens, l'un droit & l'autre circulaire ; celuy-cy se faisoit pour l'ordinaire de F par P &

Q. Ces deux mouvemens qui se succedoient l'un à l'autre étoient assez lents pour être facilement observez.

Dans la suite, je decouvris une sixiéme sorte de poisson, mais en petite quantité, dont la figure se voit en G : ce poisson ayant assez de ressemblance à une carpe, peut être ainsi nommé. Son mouvement s'executoit en serpentant, décrivant une ligne courbe à peu près semblable à la ligne a b c d, pour arriver de a en r, où est la tête.

Après plusieurs jours, il parut un autre poisson assez semblable au corbillon d'un Oublieur ; sans qu'on pût deviner de quel côté étoit la tête, sinon lorsqu'on le voyoit se mouvoir ; parce que les extrémitez de sa longueur étoient en tout semblables en apparence.

J'ay vûs ces poissons sous les formes representées au-dessous des lettres K, L : le mouvement de ces animaux s'execute par ondulation, & assez lentement.

Tous ces animaux, excepté les vers, mouroient dés que j'enfonçois dans la goutte de liqueur qui les contenoit, le bout d'une plume trempé dans du vinaigre ; & cette infusion de sené ne faisoit pas sur les anguilles du vinaigre le même effet que ce vinaigre faisoit sur celles de l'infusion.

Les animaux de forme ovale, & de moyenne grosseur ; s'accouplent comme les hannetons, & étant ainsi attachez, le plus fort entraîne le plus foible d'une vîtesse surprenante.

Ces poissons ne s'éloignent pas du haut de ces liqueurs, parce qu'ils y respirent de tems en tems un air qui leur convient, & y trouvent plus de nourriture qu'en aucun autre endroit du vaisseau où ils sont ; & s'ils descendent en bas, ils n'y restent pas long-tems. On ne peut pas douter de ce que j'avance à l'egard des anguilles du vinaigre ; & on le peut tres-facilement observer dans la bouteille où elles sont, avec une loupe.

Les animaux des autres liqueurs étant trop petits pour être ainsi apperçûs ; je me suis avisé d'y enfoncer un petit tuyau capillaire, ayant pris auparavant la précaution d'en boucher le haut avec le pouce, que j'en ôtois lorsque le bout inferieur étoit au fond du vaisseau ; je retirois ensuite ce tuyau, après l'avoir rebouché, & je mettois sur le porte-
objet

objet beaucoup plus de cette liqueur qu'à l'ordinaire , prife au fond du vaiffeau qui la contenoit ; cependant je ne voyois dans cette groffe goutte que quatre ou cinq animaux , au lieu que fi j'euffe pris autant de la même liqueur au haut du vaiffeau , j'en euffe trouvé peut-être cent fois davantage.

L'eau tiede ne fait pas mourir en hyver les poiffons dont nous parlons, au contraire ils femblent s'y mouvoir beaucoup plus librement qu'auparavant ; mais lorfqu'elle eft un peu plus chaude , ils y periffent tous. Il y a donc un certain degré de chaleur qui les fait vivre , & un autre un peu plus fort qui les tué.

Le 30. Janvier 1711. j'obfervay une autre forte de poiffons, qui vinrent en affez grand nombre dans cette infufion de fené , dont le nager me parut fingulier ; car en avançant directement , ils fe balançoient à droit & à gauche , de même que feroit un petit bateau conduit par le fil d'une eau courante, pendant qu'un homme debout au milieu de ce bateau, panchant tantôt d'un côté & tantôt d'un autre , le feroit balancer pour fe divertir.

J'ajoûtay de l'eau commune pour la feiziéme fois, afin d'en augmenter le volume , & d'en diminuer l'épaiffiffement , & fournir auffi en même tems quelque nouvelle fubftance aux animaux qui s'y trouvoient.

Je vis le lendemain que ces animaux s'y mouvoient beaucoup plus vîte qu'auparavant, & fans s'y balancer ; dont la raifon ne peut, ce me femble , être attribuée qu'au plus de facilité que ces poiffons trouvoient à divifer ce liquide.

Ce même jour-là , & le premier Février , je remarquay d'autres infectes fi petits , & fe mouvans fi vîte , que je n'en pûs découvrir la figure. Peu de jours après j'y découvris d'autres poiffons femblables à celuy qu'on voit en H : la tête finiffoit prefque en pointe , & fervoit de gouvernail à tout le refte de fon corps, qui s'accordoit parfaitement avec elle , en avançant affez lentement, pour donner la facilité d'obferver plufieurs chofes qui feroient trop longues à décrire.

Enfin les grandes chaleurs qui furvinrent fur la fin du mois de Juillet 1711 , durant trois ou quatre jours , firent mourir prefque tous les animaux de cette infufion , qui avoit été une année entiere en experience ; & dans le tems que je la voulus supprimer, je m'avisay d'en prendre encore une fois, & de la mettre sur le porte-objet du Microscope dont je m'étois servi, afin de voir s'il y auroit quelque nouveauté ; & j'y apperçûs un ver composé en partie de treize à quatorze anneaux, semblables chacun à un bourlet.

A B, est sa longueur apparente. A, en est la bouche toute ronde, d'autour de laquelle partent trois filets qui s'étendent d'une extrémité à l'autre, & qui en s'enflant & se désenflant font rentrer les anneaux les uns dans les autres, des extrémitez a & b, vers le milieu D, & par cette méchanique rallongent & raccourcissent successivement le corps de cet insecte. C, marque sa longueur vûë aux yeux nuds.

CHAPITRE VII.

De l'eau qui se trouve dans les huîtres à l'écaille, & de ce que l'on y apperçoit en peu de jours ou d'heures, après être ouvertes.

ON sçait qu'il y a des huîtres de diverses especes, tres-differentes les unes des autres, tant par le goût que par la grandeur, & la composition du corps de ces animaux.

L'huître dont nous parlons icy est un poisson de mer qui se nourrit entre deux écailles ; il est fort estimé d'un grand nombre de personnes, & on le mange tout en vie.

Ces huîtres jettent leur fray au mois de May, c'est-à-dire leurs œufs, d'où les petites huîtres doivent sortir. On a remarqué qu'au bout de vingt-quatre heures ces petites huîtres avoient de l'écaille, & que les meres sont malades après avoir bien frayé, n'étant bien guéries que vers la fin du mois d'Aoust suivant.

Monsieur Mery fameux Anatomiste, premier Chirurgien de l'Hôtel-Dieu de cette Ville, & Pensionnaire de l'Académie Royale des Sciences, lut en public un discours tres-curieux sur les huîtres des étangs ; mais il manque à ce discours

les curieuses observations que nous avons faites sur ces sortes
d'huîtres ou moules des étangs, ou de celles qu'on trouve
dans les canaux de Seaux & ailleurs.

Samedy 15. Novembre 1710. à midy, je fis ouvrir une demie douzaine d'huîtres, j'en mis l'eau dans un petit verre à
boire, & je l'y laissay reposer environ deux heures : cette
eau me parut trouble & d'une couleur de perle fine, ou tirant plutôt sur la couleur du petit lait, & un peu plus épaïs-
se, portant au nez une odeur de marée. J'en observay une
tres-petite goutte avec differens Microscopes à liqueurs, &
je n'y apperçûs rien de particulier qui merite d'être dit.

Je n'y découvris rien le second ni le troisiéme jour ; mais
le quatriéme au soir je commençay d'y voir une assez grande
quantité de petites huîtres, belles, transparentes, & dont
quelques-unes n'avoient pas un mouvement trop rapide pour
m'empêcher de voir la tête & le reste du corps. Leur grosseur me parut avoir fait un grand progrès en peu de tems,
par rapport à celle des animaux que j'ay observez dans d'autres liqueurs. En voicy une representée en a b c d, dont a
est la tête, & b c d le reste du corps, qui n'étoit pas également transparent. La forme de leur corps est changeante ;
on les voit se plier & replier en differentes façons : leur mouvement est quelquefois direct, & d'autres fois circulaire : on
les apperçoit souvent s'entre-choquer, & par-là interrompre
leur course, tres-vîte en plusieurs, & moins en d'autres.

Planche 4.
Figure 4.

Ces animaux étoient assez gros dès le quatriéme jour de
leur naissance, pour se faire voir avec un Microscope à trois
verres d'environ quatre pouces de hauteur, dont la lentille
objective n'avoit pas moins de cinq lignes de foyer.

Le cinquiéme & le sixiéme jour, je vis plusieurs de ces
animaux parfaitement en repos, de sorte que je les crus
morts ; mais en continuant de les observer, je fus détrompé,
les voyant nager avec beaucoup de vitesse, les uns allans
d'un côté & les autres d'un autre, s'entre-frolant souvent,
& s'arrêtant quelquefois pour un moment l'un contre l'autre ;
puis étant écartez par d'autres qui faisoient effort pour passer entr'eux, & changeoient de figure suivant leur maniere
de se rencontrer, ou le retrecissement du lieu qu'ils vouloient
traverser.

On s'apperçoit quelquefois qu'une de ces petites huîtres
passe sur un groupe de plusieurs autres sans les ébranler ; ce
qui marque qu'elles n'en sont pas touchées , & qu'elles sont
environnées d'assez de liqueur pour faciliter le mouvement
de celles qui nagent par-dessus.

Ces animaux s'allongent & se raccourcissent considérable-
ment ; & même ils s'accouplent , comme on le peut voir en
a & c : ils se mouvent ainsi accouplez d'a vers b, & de c vers
d , long-tems avant qu'ils se separent ; de sorte que le plus
fort entraîne le plus foible.

Ces petits animaux tournent beaucoup plus lentement que
ne font ceux de l'infusion du poivre en grains, ni même ceux
du sené.

Le mouvement circulaire des petites huîtres s'execute en
deux façons toutes differentes ; la premiere les fait voir tournant autour de leur centre ; & la seconde les fait paroître
tourner comme sur un point qui seroit vers l'extremité de
leur tête.

L'eau de ces poissons se trouve au bout de quelques jours
d'une odeur insupportable , mais dans la suite elle s'adoucit
considerablement ; & parce qu'elle est salée naturellement ,
il y avoit lieu de croire qu'elle se conserveroit long-tems ; ce
qui n'est pas arrivé. L'experience nous a appris que la seule
odeur du vinaigre est un poison qui tuë ces petites huîtres.

Quoyqu'on ne puisse pas voir les yeux de ces animaux , on
peut neanmoins assurer qu'ils apperçoivent les objets qui se
presentent à eux ; puisqu'on remarque certainement qu'ils
s'en écartent en se mouvant, & qu'ils font des détours tres-
frequens pour les éviter.

Le 21. je mis une grosse goutte de cette liqueur sur le porte-objet du Microscope , que je portay & rapportay de fort
loin durant cinq heures au moins, qu'elle employa à s'évaporer entierement ; pendant ce tems-là les petites huîtres
qu'elle contenoit firent l'admiration de plusieurs personnes à
qui je les montray.

Le 22. au soir je trouvay cette eau plus transparente qu'elle n'avoit été cy-devant , quoy qu'elle fut devenuë plus
épaisse , du moins elle ne s'étendoit pas si facilement sur le

porte-objet, qu'elle faisoit auparavant.

Je m'apperçûs d'ailleurs que la même eau avoit perduë cette odeur forte & desagréable qui s'y faisoit sentir dés les premiers jours; que les animaux s'y étoient considerablement multipliez; qu'ils sembloient être devenus un peu plus gros qu'ils n'étoient; & enfin il ne m'en parut plus d'accouplez.

Le lendemain 23. j'observay encore les mêmes choses, à quoy l'on peut ajoûter ces particularitez.

Que jusque icy je n'ay vû dans cette eau qu'une seule espece d'animaux, presque tous d'une même figure, & d'une grosseur assez uniforme, se mouvans tous d'une maniere assez egale.

Comme il est difficile de porter, avec le plus petit bout d'une plume à écrire, un peu de l'eau où nagent ces poissons, sans enlever en même tems quelque petite portion d'une legere pellicule qui se forme dés le commencement sur cette liqueur; on est tout étonné de voir que cette parcelle, presque insensible aux yeux nuds, paroît dans le Microscope d'une étenduë extraordinaire; en sorte qu'elle ressemble à une grosse masse de rocher, chargée d'une multitude extraordinaire de petites creatures.

Ces animaux semblent se plaire davantage, & trouver sous cette pellicule une nourriture plus propre à leur temperament que par tout ailleurs, vû le nombre prodigieux que nous y appercevons: ils y fourmillent les uns sur les autres, de maniere que cet endroit-là devient beaucoup moins transparent que les autres.

Le Samedy 13. Decembre 1710. il étoit resté tres-peu d'huîtres vivantes, & même elles parurent diminuées de grosseur. Le 16. je n'y en remarquay aucune; ainsi mes premieres observations sur ces sortes d'animaux-là, finirent.

Mais ayant prévû ce qui devoit arriver, j'avois déja mis en experience de nouvelle eau; deux jours après j'apperçûs de ces animaux tout naissans, qui paroissoient avoir environ deux lignes de longueur & une ligne de largeur.

Le 16. & le 17. j'apperçûs ces huîtres en plus grand nombre, & j'en vis quelques-unes sous la forme d'un huit de chiffre: c'étoient apparemment deux petites huîtres accouplées.

L'augmentation du froid, l'épaississement survenu à cette eau par l'évaporation des parties les plus subtiles & les plus agitées, joint à cela le défaut de nourriture, les fit enfin périr environ le 30. Janvier 1711.

Dés ce même jour je recommençay pour la troisiéme fois une semblable experience ; mais depuis ce jour-là jusqu'au 22. Février, je n'y apperçûs rien que je n'y eusse déja remarqué. En voyant dans la moindre goutte de cette eau un si grand nombre de ces poissons, qu'il y en avoit, je ne pûs distinguer les uns d'avec les autres, tant cette eau en étoit obscurcie ; c'est pourquoy, afin de l'éclaircir, j'y ajoûtay un peu d'eau commune, & j'observay que ce mélange avoit fait diminuer subitement la longueur des huîtres, en les rendant presque toutes rondes ; mais dans la suite elles reprirent leur forme ovale & leur longueur ordinaire. Durant l'espace de deux heures consecutives, j'appliquois sept ou huit fois de l'eau fraîche sur le porte-objet, à mesure que la liqueur s'évaporoit ; & j'aurois même pû continuer plus long-tems ce manége, si j'eusse voulu prolonger davantage la vie de ces animaux : ainsi cette eau commune, bien loin de leur nuire, les accommode fort. Il n'en est pas de même du mélange d'une tres-petite goutte d'eau de l'infusion du sené avec celle des huîtres, qui les fait mourir en un instant.

On remarque encore que le mélange de l'eau commune avec celle des petites huîtres, les fait devenir plus grosses & plus claires, pourvû qu'elle ne soit ni trop froide ni trop chaude, ce qui les tuëroit, ou du moins arrêteroit leur mouvement pour un tems.

Dans une semblable experience que je fis ensuite, j'apperçûs une chose singuliere que je n'avois pas encore observée ; sçavoir, deux cornes mobiles à la tête de chacun de ces animaux, lesquelles formoient ensemble un croissant, comme on le voit en e, & ces cornes mobiles paroissoient aussi quelquefois comme on les voit en d ; mais elles étoient si courtes en de certains tems, qu'on avoit de la peine à les voir.

Je m'avisay ensuite d'ajoûter à une goutte de l'eau des huîtres une tres-petite goutte de vin avec le bout d'une plume , & je vis expirer ces petits animaux presque sur le champ , & à mesure que le vin se mêloit avec cette eau , ou que les animaux passoient de l'eau dans le vin.

Le 19. Mars , dans un tems assez chaud , je remarquay que les petites huîtres se manifestoient dans leur eau beaucoup plutôt qu'elles n'avoient fait dans les tems moins chauds; & que quelques heures auparavant on y avoit remarqué un grand nombre de petits corps ronds & transparens , qui peuvent passer pour les œufs de ces poissons.

Le 29. du même mois , il paroissoit dans cette eau trespeu de petites huîtres ; & quoy qu'elles fussent devenuës bien maigres , elles ne laissoient pas de se mouvoir tres-vîte : ce fut pour lors que l'on cessa de vendre dans Paris des huîtres à l'ecaille , à cause qu'elles n'étoient plus bonnes à manger.

Le 15. Juillet 1711. à midy , je mis dans un vaisseau de verre de l'eau de six à sept huîtres ; & le 16. à sept heures du soir j'y observay une bonne quantité de petites huîtres nageant dans cette eau , quoyque le vaisseau eût été bouché , ce qui semble donner occasion de penser que ces animaux sont produits des œufs des huîtres mêmes , & qu'ils ne viennent pas des autres animaux qui volent ou nagent dans l'air que nous respirons.

Le 22 , je vis dans cette même eau de deux sortes de nouveaux animaux , dont plusieurs me parurent de la figure & grosseur qu'il paroît en f , s'allongeant & se raccourcissant alternativement d'un instant à l'autre. Ceux de la seconde espece , dont un seul est vû en g , se mouvoient assez lentement pour qu'on pût remarquer en eux les particularitez suivantes.

On apperçoit vers la tête & au derriere un mouvement d'ondulation , dans une matiere blanche , lumineuse & transparente , laquelle étant bien considérée , on s'apperçoit qu'elle est causée par les pattes , tant du devant que du derriere de ces animaux. On les voit marcher sur le porte-objet du Microscope , sans sortir de l'eau où ils ont pris naissance ; & l'on remarque que les pattes de derriere sont plus longues que celles du devant. J'ay aussi vû dans le même tems , &

dans la même goutte de cette liqueur, d'autres animaux un peu plus gros que les anguilles du vinaigre, ayant la partie du derriere de leur corps assez grosse & arrondie, & la tête un peu plus longue que celle de ces anguilles : leur corps étoit moins transparent & plus court de beaucoup que celuy des anguilles du vinaigre. Ces nouveaux poissons, dont on voit la figure en h, changent de figure à tout momens.

Leur nager s'execute assez lentement ; le mouvement de leur tête, qui est plus menu de beaucoup que le reste de leur corps, approche assez de celuy que j'ay remarqué dans les vers de quelques autres liqueurs ; ils l'avancent & la retirent alternativement, ils la portent à droit & à gauche, s'arrêtant tres-souvent, comme s'ils avoient peur de quelque objet qui traverseroit leur route.

Le 22. Aoust je fus surpris de ne trouver plus d'huistres dans cette eau, ni même aucun des animaux de figure ovale ; & ce ne fut pas manque de nourriture, puisque les dernieres anguilles dont je viens de parler y vivoient. Enfin le 4. Septembre, à peine pouvoit-on voir deux animaux dans cette liqueur ; ce qui me la fit abandonner.

Le 21. Octobre 1711. nous vîmes dans de nouvelle eau d'huistres, jusqu'au 4. Novembre, les animaux representez en i, l, m, n, o, p, q.

La figure m represente un ver, dont la tête est en pointe, & le derriere rond. Celles qui sont en n & o, representent deux de ces vers qui se tiennent ensemble de deux façons differentes, le plus fort entraînant le plus foible.

En p, vous en voyez un plus gros d'un autre genre, & d'une autre figure. Enfin au-dessous de la lettre q, il y en a deux plus petits qui se tiennent par le bec, allant ainsi nageant de compagnie.

CHAP.

CHAPITRE VIII.

Des infusions d'œillets mis dans de l'eau commune, chaude
& froide.

LE 14. Juillet je mis infuser à froid dans de l'eau commune des œillets qui n'étoient pas encore épanoüis ; & le 19. je commençay d'appercevoir de tres-petits animaux nageant dans l'eau, dont voicy à peu près la grosseur & la figure apparente, marquée en B, Planche 4. Figure 2.

Quelques personnes prennent ordinairement les animaux de cette grosseur pour de petites mouches ; mais c'est une erreur qui provient ou de ce que l'extrême petitesse de ces insectes rend leur espece équivoque à nos yeux, ou de la mauvaise figure de la lentille du Microscope, défaut tres-commun aux lentilles soufflées ; ou de ce qu'elle est mal placée entre les diaphragmes ; ou enfin de ce que l'objet n'est pas placé au point de vûë où il faudroit qu'il fut.

Le 20. je commençay d'en appercevoir de tres-gros ; mais en petit nombre, ayant le corps bien transparent, & parsemé de petites taches, comme on le peut remarquer en A.

Le 22. les gros me parurent plus beaux & plus longs qu'auparavant ; ils se mouvoient aussi d'une maniere nouvelle.

Le 29. j'apperçûs sur la surface de la liqueur de petits vers blancs ; & un peu au-dessous de cette même surface, j'y vis un nombre extraordinaire de tres-petits animaux.

Le 11. Aoust, la masse composée d'une multitude presque infinie de ces animaux, étoit si épaisse & si fourmillante, qu'à peine y pouvoit-on discerner leur figure ; & l'on remarquoit parmy eux quelques gros vers sous la forme representée en C.

Le 20. du même mois j'apperçûs dans une goutte de cette infusion des especes d'anguilles, dont on voit la representation en E & en F, plus grosses & plus courtes que celles qu'on voit ordinairement dans le vinaigre ; ce que je n'avois point encore vû dans aucune des infusions ou liqueurs précedentes : leur mouvement s'executoit à peu prés comme celuy des serpens du vinaigre. Ces nouvelles anguilles paroissent tres-blanches vers la tête & vers la queuë, qu'elles ont tres-courtes; tout le reste de leur corps étant d'une couleur d'ambre plus ou moins claire, selon le temps qu'elles avoient demeurées dans cette infusion.

Le 22. j'observay un petit ver blanc, que j'avois pris en la surface de cette eau, dont le corps étoit assez transparent pour me donner la facilité d'observer au dedans de son corps plusieurs filets blancs, dont les deux du milieu qui étoient un peu écartez l'un de l'autre, & paralleles entr'eux, se recourboient vers la tête pour s'unir là, & s'étendre jusqu'à l'extrémité posterieure du corps, au-delà de laquelle ils paroissoient avancer de plus d'une ligne.

De chacun de ces filets droit & gauche, partoient de distance en distance d'autres filets blancs qui descendoient de haut en bas, & du dos vers le ventre, où ils pouvoient se joindre.

Ces animaux ont aussi à la tête deux petits points noirs, qui sont de veritables yeux; puisqu'ils se détournent à la presence de quelques petits objets dont on se sert pour traverser leur chemin.

Au devant de la tête on remarque deux especes de crochets, dont ils se servent comme d'appuis pour avancer leur corps, par un mouvement semblable à celuy des vers que nous voyons ordinairement se traîner sur la terre; car ils n'ont point de pieds, leur corps étant distinguez par plusieurs anneaux, qui s'approchent & s'éloignent successivement les uns des autres, par la contraction des fibres dont nous avons parlé. Vous voyez la figure de cet insecte en D.

Le dernier Aoust 1711. je vis au moins une douzaine d'anguilles dans une tres-petite goutte de cette infusion, bien grosses & bien courtes, en comparaison de celles du vinaigre, dont le mélange les fait mourir en moins de trois minutes. Et ce qu'il y a de particulier est, que la tête de ces nouvelles anguilles devient immobile, pendant que le reste de leur corps se meut encore.

L'effet de ce mêlange prouve, ce me semble assez, que ces dernieres anguilles sont d'une espece differente de celles du vinaigre; & si cela ne suffit pas, voicy dequoy convaincre parfaitement de ce que j'avance.

Prenez deux Microscopes montez de lentilles d'un même foyer, afin de découvrir par la vûë les differences qui suivent.

1°. Les anguilles du vinaigre sont beaucoup plus longues, plus dégagées, plus blanches, & plus également transparentes dans toute leur longueur, que celles qui se trouvent dans l'infusion d'œillets.

2°. Celles du vinaigre figurent souvent plusieurs ensemble, de maniere qu'elles accordent les mouvemens de leur corps avec tant de justesse, que les convexitez & les concavitez des unes se trouvent répondre exactement à celles des autres; ce qui n'arrive pas aux anguilles de l'infusion dont je parle.

3°. La tête des anguilles du vinaigre n'est pas si grosse que celle de l'infusion d'œillets.

4°. Ces mêmes têtes different encore en autres choses.

5°. Le mouvement de celles du vinaigre paroît plus libre & plus aisé, que celuy des anguilles de l'infusion d'œillets.

6°. Celles du vinaigre ne sont jamais entierement en repos, qu'elles ne soient mortes; & j'en ay vû des autres y demeurer comme immobiles durant plus d'un quart-d'heure, & se remettre ensuite dans un mouvement assez prompt, qui durera autant de tems que la goutte de liqueur où elles nageoient demeurera à se dessecher.

7°. Ces anguilles sont beaucoup plus sensibles au froid que celles du vinaigre; car quand les matinées sont fraîches on a de la peine d'en prendre; & pour en trouver je fus obligé de mettre au Soleil le vaisseau qui contenoit l'infusion où elles étoient, & de luy laisser environ un quart-d'heure, aprés quoy j'en trouvay deux tout à la fois.

Enfin lorsque les anguilles du vinaigre sont mortes depuis quelque tems, leur corps paroît d'ordinaire comme plusieurs noyaux d'olives, enfilez à peu prés comme des grains de chapelets; au lieu que le corps des autres anguilles m'a toujours paru en son entier.

Le 14. Juillet je mis infufer dans de l'eau boüillante une portion des mêmes œillets dont je viens de parler, dans laquelle je ne commençay à découvrir des animaux que le 25. du même mois ; ils étoient tres-petits & en fort grand nombre.

Le 29. je ne trouvay plus de petits infectes ; mais je vis des vers affez fenfibles aux yeux nuds, rampans fur la furface de l'infufion, où il s'étoit formé une épaiffeur d'une matiere molle, mais affez ferme pour les foutenir. La grande chaleur qu'il avoit fait durant quatre jours, fut la caufe de la mort des premiers infectes, ce qui m'obligea à fupprimer cette infufion, beaucoup plutôt que je n'aurois fait fans cela.

CHAPITRE IX.

D'une infufion à froid d'un bouquet compofé de rofes,
d'œillets & de jaffemin.

LE 11. May 1711. je mis infufer à froid, dans de l'eau commune, un bouquet de rofes, d'œillets & de jaffemin, coupé par morceaux, pour le faire entrer plus facilement dans un petit vaiffeau, tenant environ demi-feptier, mefure de Paris ; & je trouvay au bout de trois ou quatre jours un grand nombre de petits animaux parmi quelques gros : ils fe multiplierent confiderablement, & donnerent durant un mois un fpectacle agréable à plufieurs perfonnes.

Je ferois trop long fi j'entreprenois de décrire la figure, la couleur & les mouvemens de ces animaux ; il vaut mieux vous laiffer la fatisfaction de remarquer toutes ces merveilles en les examinant comme j'ay fait.

Je ne juge pourtant pas à propos de paffer fous filence une forte de nouveaux animaux que je n'avois point encore vûs, & qui commencerent à fe faire appercevoir dans cette même liqueur le fecond jour de Septembre : c'étoit une efpece de limace que je vis, en me fervant d'une lentille d'environ une ligne de foyer. Toute fa longueur, dans laquelle je diſtinguay trois parties conſiderables , me parut d'environ dix à douze lignes , & ſa plus grande largeur de ſix à ſept lignes ou environ.

La premiere partie marquée A en eſt la tête, qu'elle retire & avance par ſecouſſes lorſqu'elle va lentement ; ce qu'elle ne fait pas lorſqu'elle nage aſſez vîte.

La ſeconde partie marquée B eſt le tronc , & C repreſente la partie du derriere , que cet animal retire ſouvent , & à l'extrémité de laquelle on apperçoit comme deux grands poils blancs marquez D , D, qui luy ſervent de nageoires. Tout ſon corps , qui eſt blanc & tranſparent , ſemble n'être qu'une maſſe charnuë compoſée de muſcles , & de filets preſque imperceptibles , qui s'allongent & ſe raccourciſſent ſi aiſément , que d'une forme ovale aſſez longue , cet animal ſe change promptement en boule.

Il cache ſouvent ſes nageoires D, D ſous luy , de maniere qu'on ne les apperçoit plus , ſans ceſſer néanmoins de nager. Son corps eſt mal terminé , de ſorte qu'on le voit ſouvent ſous une forme incertaine , à cauſe du changement qui s'y paſſe par les divers mouvemens de ſes muſcles ; & même lorſque cette limace approche de ſa fin , ſa figure devient ſi inégale & ſi irréguliere , qu'on ne la peut autrement exprimer que par le deſſein marqué en E, demeurant quelque tems tranſparente , ainſi qu'un gros grain de ſable vû au Microſcope à liqueurs , ou dans un Microſcope à pluſieurs verres , en y regardant comme on fait dans une lunette d'approche pour obſerver les Aſtres.

CHAPITRE X.

*De l'infuſion des barbeaux , ou petites fleurs bleuës qui vien-
nent parmi les bleds.*

LE ſecond Juin je mis infuſer à froid , dans de l'eau commune , les queuës d'un gros bouquet de barbeaux , avec quelques fleurs ; & en même tems je jettay dans une caraffe de verre des mêmes fleurs feules , fur lefquelles je répandis de l'eau en fuffifante quantité. Environ douze heures après j'apperçûs dans ces infufions des animaux de la groffeur & de la figure qu'on les a reprefentez en F , par le moyen d'un Microfcope , où j'avois mis une lentille d'environ une ligne de foyer. Le lendemain au foir j'y vis de quatre fortes d'animaux bien tranfparens , de figure ovale , & d'inégale groffeur , fe mouvans diverfement.

Le cinquiéme du même mois je me fervis d'une autre lentille , qui n'a qu'un quart de ligne de foyer , & j'apperçûs les plus gros animaux comme en G ; mais avec beaucoup plus de confufion que je ne les avois obfervez au travers de la lentille précedente ; ce qui arrive néceffairement , quand on fe fert des lentilles dont le foyer eft tres-proche de l'objet , & par confequent fort court.

Ces gros animaux changent de figure , & même de mouvement en un inftant , s'allongeant & fe raccourciffant de maniere qu'on les méconnoît d'un moment à l'autre ; ce qui fait qu'on prend fouvent en divers tems le même animal pour un autre.

Le 6. j'apperçûs une nouvelle efpece d'animaux , dont vous voyez icy toute la groffeur & la figure en H , qui s'allongeoit & fe raccourciffoit en nageant dans une tres-petite goutte d'eau , fans que j'aye pû remarquer de difference entre la tête & la queuë de ce poiffon , que je nomme infecte des barbeaux ou chabot : mais parce qu'il doit y avoir une partie conftante où fe trouve la tête de cet animal ; je la juge à l'extrémité qui précede ou devance toujours l'autre dans le tranfport de tout fon corps.

Le feptiéme , j'obfervay une chofe tres-curieufe en quelques-uns des plus gros ; ils avoient une figure ovale terminée affez irregulierement , traînant après eux une longue queuë d'environ deux pouces , d'une fubftance beaucoup plus blanche & plus tranfparente que n'eft leur corps , depuis lequel elle s'étend directement en diminuant de groffeur , & finiffant comme en pointe , ainfi qu'on le peut voir reprefenté en H. Le bout de cette queuë , qui eft fouvent cinq ou fix fois plus longue que le corps , eft ordinairement attachée à une maſſe de la matiere groſſiere de l'infuſion , qui ſe colle au concave de verre où la goutte de liqueur eſt en obſervation , & alors il y a du plaiſir à voir l'animal tirer cette molecule , ſans la pouvoir entraîner , comme en I ; ce qui l'oblige à s'en rapprocher de tems en tems à reculons , en repliant ſa queuë , comme en L , qu'il redreſſe en s'en écartant avec beaucoup moins de vîteſſe qu'il ne s'en étoit rapproché , allant d'un mouvement aſſez égal ; d'autres fois on voit cinq ou ſix de ces inſectes attachez autour d'une groſſe maſſe qui tient fermement attachée au porte-objet , dont ils ſe rapprochent & ſe retirent tour à tour , comme nous venons de dire.

On obſerve que durant cet exercice , il change & reprend alternativement ſa premiere figure , & que cette queuë naturellement droite , comme en I , reprend ſa direction , à meſure qu'il fait des efforts pour s'écarter en droite ligne de la maſſe qui l'enchaîne au concave de verre , & qu'il entraîne quelquefois après luy allant directement.

J'ay remarqué que l'exceſſive chaleur de l'air en fit perir une tres-grande quantité , & que cinq ou ſix jours après il en revint d'autres.

Il ne m'eſt pas permis de douter , après ce que j'ay vû de ces derniers animaux , qu'ils n'ayent des yeux , & qu'ils ne voyent ; car on en remarque ſouvent deux qui figurent enſemble l'un proche de l'autre ſans ſe toucher , tournant tous deux d'une vîteſſe ſi grande autour d'un même centre , que les deux , quoy qu'ovales , ne paroiſſoient que comme un ſeul , & tout rond.

On voit au-deſſous de M un petit poiſſon , dont les extrémitez ſont terminées par deux ſurfaces planes , tellement paralleles entr'elles , qu'on n'y apperçoit rien de diſtinct qui puiſſe faire juger du lieu où eſt ſa tête : pour le connoître , il faut obſerver ſon mouvement , qui s'execute en courbant differemment tout ſon corps , qui va en avant , formant des ondulations tres-lentes ; de ſorte qu'il fait peu de chemin en beaucoup de tems.

CHAPITRE XI.

Du Thé mis en infusion.

LE 15. Juillet 1711. après avoir mis dans une théhere autant de thé & d'eau boüillante qu'il en falloit pour six grandes prises ; j'en mis dans une caraffe de verre, d'environ demi-septier, les feüilles qui resterent après l'infusion chaude ; & ayant rempli d'eau de fontaine le vaisseau, je laissay reposer cette seconde infusion qui s'en faisoit à froid : dix jours après j'apperçûs dans la moindre goutte que je pusse prendre de cette liqueur, une fourmilliere de tres-petits animaux de figure ronde, & dont le mouvement étoit tres-lent.

Quelques jours ensuite, ces petits animaux y parurent en moindre quantité, mais beaucoup plus gros, plus clairs & plus distincts qu'auparavant : leur figure étoit ovale, & comme on en voit un seul representé au-dessous de N. Le contour apparent de leur corps paroissoit noir, & le reste tresblanc & transparent ; on les voyoit nager d'une vîtesse surprenante.

Le corps de ces insectes étoit d'une consistance si délicate, qu'ils n'ont conservé leur figure naturelle que deux ou trois minutes après leur mort.

Le 23. Septembre j'apperçûs dans la même liqueur de trois sortes d'animaux, sçavoir de tres-petits, & en grand nombre ; de moyens, en moindre quantité ; & de gros encore en plus petite ; mais ils nageoient beaucoup plus vîte que les autres. Aujourd'huy 8. Decembre il s'y en trouve encore de tres-beaux ; & j'ay vû par hazard une grosse anguille dans une tres-petite goutte de cette infusion ; on la voit icy representée toute entiere : elle differe des anguilles du vinaigre ; en ce que son corps est plus court & plus gros, & que son nager est de beaucoup plus lent.

L'infusion qu'on fait des feüilles de thé, tel qu'il vient des Indes, étant mises à froid dans de l'eau commune, n'a rien fait voir d'extraordinaire.

CHAP.

CHAPITRE XII.

Des infusions de queuës de framboises, mises à froid dans de l'eau commune.

L'Infusion des queuës de framboises, dans de l'eau commune, est une de celles qui n'acquiert aucune mauvaise odeur, depuis le commencement jusqu'à la fin, c'est-à-dire durant deux mois ; cependant elle produisit en moins de vingt-quatre heures les plus beaux animaux que l'on puisse voir dans les liqueurs, & en tres-grand nombre ; vous en verrez icy les Figures representées en O. Ces poissons paroissent tres-blancs & transparens dans le commencement de leur naissance, avec de petites marques sur le corps ; plus diaphanes en des endroits qu'en d'autres : cette grande blancheur se change dans la suite en une couleur jaunâtre, & toujours assez transparente.

Planche 5. Figure 4.

On les voit s'allonger & se raccourcir, devenant ovales ou ronds, selon qu'il leur convient, par rapport aux obstacles qu'ils trouvent dans leur route. J'en ay vû souvent deux se tenir ensemble comme par le bec, ainsi que font ordinairement deux tourterelles, ou deux pigeons mâle & femelle qui se caressent ; & on voyoit ces animaux se mouvoir assez vîte, sans quitter cette attitude representée en P, dans laquelle on les voit même jusqu'aprés leur mort.

Le premier Septembre de l'année 1711. j'en vis un groupe de huit d'une belle couleur d'ambre, & d'une grosseur remarquable, figurant ensemble comme feroient plusieurs danseurs qui prendroient plaisir à divertir une compagnie : dans de certains momens ils nageoient, & marchoient assez lentement pour se faire observer à loisir : je n'ay pû cependant jusqu'icy parvenir à découvrir leurs nageoires ou leurs pattes ; mais le 8. Septembre suivant, je vis dans cette infusion quantité de gros animaux sans aucun petit ; & parmi eux j'en apperçûs deux ronds qui ne se quittoient point ; l'un des deux avançoit sur l'autre, comme font deux jettons sans être couverts totalement; d'autres fois ils se touchoient seulement par leurs circonferences, tournant ainsi ensemble comme s'ils n'en faisoient qu'un seul, tantôt en un sens & tantôt en un autre. Enfin le 27. du même mois j'apperçûs dans cette infusion, pour la premiere fois, des animaux semblables à celuy qui est representé par Q, ayant une matiere transparente & agitée assez regulierement, dont je ne pûs discerner la figure à cause de la vîtesse de son mouvement. Cette matiere est situee entre le milieu du corps de l'animal, & sa tête, qui est immediatement sous la lettre Q. Peut-être que c'est le cœur de ce poisson, & que les agitations qu'on y apperçoit en sont le systole & le diastole : ces mouvemens ne peuvent être remarquez que dans le tems que l'animal se meut tout entier & tres-lentement.

CHAPITRE XIII.

Des infusions de fenoüil, de sauge, de melon, de verjus, de tiges de soucy avec les fleurs.

LE 11. Aoust 1711. je mis infuser à froid, dans de l'eau commune, du fenoüil avec ses tiges, grosses & menues; & le 11. ensuivant j'observay que dans la moindre goutte que l'on puisse prendre de cette liqueur, on découvroit une fourmiliere composée d'un nombre presque innombrable de petits animaux, que nous avons representez en R, parmi lesquels il y en avoit d'autres de figure ronde, & environ cinq ou six fois plus gros.

Planche 5.
Figure 5.

Le 22. Aoust 1711. je mis infuser à froid des feüilles de sauge, qui ont conservé leur odeur naturelle durant tout le tems de leur infusion : dans l'intervalle de douze jours ou environ, je n'ay vû dans cette liqueur que quelques petits animaux de la grosseur d'un grain de millet, & une infinité de plus petits, qui ne paroissoient que comme des points marquez sur du papier, avec une plume à écrire taillée des plus fine ; & un peu au-dessous de la surface de la liqueur, j'y apperçûs de tres-petits vers blancs.

Le 28. Septembre je vis dans une goutte de cette même eau deux sortes de petits poissons representez en S , & comme ils paroissoient vûs avec une lentille d'une ligne de foyer. La goutte de liqueur venant à se dessécher, on voit mourir les gros avant les petits , qui prennent autour des gros des arrangemens semblables à celuy qui se voit icy.

Le 22. Aoust je mis infuser à froid des bayes ou fruits d'é-pine-vinette , & au bout de vingt-quatre heures j'apperçûs des animaux de la grosseur & figure representée en T , dont le corps étoit blanc & transparent ; mais ils n'ont vécu que tres-peu de tems. Figure 6.

Le 25. du même mois , au soir , je mis infuser à froid de petits morceaux de la côte d'un melon , avec un peu de la chair & de sa graine ; le lendemain au matin j'apperçûs quelques animaux assez beaux & transparens , dont on voit la figure en V.

Le 30. au matin je ne vis plus dans cette infusion que de petits corps longuets , blancs & transparens ; comme on les peut voir representez en X , dans une goutte de la liqueur mise au Microscope , parmi lesquels on apperçoit d'autres petits corps moindres que celuy qu'on voit marqué T , sans aucun mouvement sensible , ce qui me fit supprimer cette infusion.

Ayant mis infuser le 14. Aoust des grains de verjus en grappe , dans de l'eau commune & froide , j'y apperçûs le 20. un grand nombre de si petits poissons , que je n'en pus distinguer la figure.

Le 25. du même mois j'y découvris de deux sortes de poissons ; les uns de la figure & grosseur representée en Y , & les autres si petits , que je n'en pus voir la forme. Figure 7.

Le 4. Septembre je trouvay les petits animaux de ce verjus considerablement multipliez ; & les gros augmentez de volume : j'en vis de ronds qui paroissoient avoir une bonne ligne de diametre , & qui étoient joints ensemble , en formant comme un 8 de chiffre , se mouvant ainsi tantôt circulairement , & tantôt en ligne droite.

Le 8. Septembre j'apperçûs quantité de petits vers sur une croute formée en la surface de cette infusion, & des anguilles en affez grande quantité dans une seule petite goutte de la liqueur.

Enfin le 5. Decembre j'apperçûs encore dans cette infusion de trois ou quatre sortes de petits poissons, de diverses grosseurs, de differentes figures, se mouvans tres-lentement, à cause de l'épaississement de la liqueur, & de l'augmentation du froid.

Le 25. Aoust 1711. je mis infuser à froid, dans de l'eau commune, des tiges & des fleurs de soucy, & huit jours après j'y vis de trois sortes d'animaux, dont les plus petits se voyent representez en Z Z, les seconds en &, & les derniers, qui n'ont pû trouver de place icy, étoient de grosses anguilles, differentes en especes de celles du vinaigre, & differentes aussi de celles que j'ay vûës dans l'infusion d'œillets.

Enfin le 8. Septembre je ne trouvay plus dans cette infusion qu'une seule espece de poisson ; les anguilles même étoient devenuës invisibles, & l'infusion avoit acquis en peu de jours une odeur d'urine si forte & si désagréable, que je fus obligé de la supprimer.

CHAPITRE XIV.

D'une infusion de foin nouveau, mis à froid dans de l'eau commune, le 4 Juin 1711.

CEtte infusion de foin nouveau n'est pas vingt-quatre heures en experience, sans donner des marques avantageuses de ce qu'on peut voir en elle : En effet, au bout de cinq ou six jours on découvre dans une tres-petite goutte de cette eau, jusqu'à cinq ou six sortes d'animaux vivans, differens en couleur, en grosseur, en figure & en mouvement.

L'extrême délicatesse du corps de ces poissons les fait méconnoître, dès qu'ils sont morts, sur le porte-objet du Microscope,

L'odeur de cette infusion, durant les grandes chaleurs, est tres-forte dans les premiers jours; & j'ay remarqué qu'elle avoit un si grand rapport avec celle des crotins du cheval, que sans voir cette infusion, on assureroit que ce sont des crotins qui la causent; mais elle diminue en vieillissant; de sorte qu'elle devient dans la suite tres-supportable.

Dans la plûpart des liqueurs que j'ay vûës, je n'y ay guéres trouvé de plus gros animaux, de plus transparens & de plus nets, ni qui durent plus long-tems que ceux-ci; puis qu'au mois d'Octobre j'y en apperçûs encore une assez grande quantité de gros & de petits.

CHAPITRE XV.

Seconde infusion de foin nouveau.

LE 4. Octobre 1711. je mis infuser à froid, dans de l'eau commune, un peu de foin nouveau, dans deux differens vaisseaux; j'en bouchay un le mieux que je pus avec du velin bien moüillé, & je laissay l'autre ouvert. Deux jours après j'apperçûs dans l'une & dans l'autre infusion de trois sortes d'animaux, & en assez grand nombre : cette experience semble tres-propre pour persuader que ces animaux étoient produits des œufs que d'autres animaux avoient déposez sur ce foin, & non de ceux qui étoient répandus dans l'air.

Le 10. du même mois je trouvay plus d'animaux dans une goutte de l'infusion qui avoit été bouchée, que je n'en vis dans une pareille quantité de celle qui ne l'étoit pas. On peut penser que la fermentation & l'évaporation de la liqueur débouchée, y étant devenuës plus grandes qu'en celle de l'autre, elles furent les causes occasionnelles du plus grand nombre de poissons qui s'y sont trouvez.

Troisiéme experience faite sur de semblable foin.

LE 13. Octobre je fis boüillir de semblable foin nouveau dans de l'eau commune, durant plus d'un quart-d'heure ; j'en mis ensuite une égale quantité dans deux vaisseaux, à peu près de même grandeur ; j'en bouchay un sur le champ, & même avant que le tout fut refroidi : je laissay l'autre découvert, & j'y apperçus des animaux au bout de quelques jours, & pas un dans l'infusion qui avoit été bouchée ; & après l'avoir gardée ainsi fermée un tems considerable pour y trouver quelque insecte vivant, s'il y en eût dû venir ; mais n'y ayant rien trouvé, je la laissay enfin débouchée, & au bout de quelques jours j'y en remarquay : ce qui fait comprendre que ces animaux avoient pris naissance des œufs répandus dans l'air ; puisque ceux qui s'étoient pû rencontrer sur ce foin avoient été ruinez totalement dans l'eau boüillante.

CHAPITRE XVI.

Composition de plusieurs infusions mises ensemble dans un seul vaisseau.

MEssez ensemble des parties à peu prés égales de l'infusion de séné, de l'infusion de queuës de framboisières, de l'infusion de foin, &c. & demie heure après prenez à l'ordinaire une seule petite goutte de ce mélange, pour la mettre sur le porte-objet du Microscope, afin de l'y observer, & vous aurez le plaisir de voir dans cette goutte de liqueur des animaux de toutes les infusions, dont vous aurez fait le mélange. A l'occasion de cecy, il est à propos de remarquer que tous ces petits poissons ne subsisteront pas ainsi dans ce mélange si long-tems, à beaucoup prés qu'ils auroient fait, s'ils fussent demeurez chacun dans sa premiere infusion. Je croy encore devoir avertir que toutes sortes d'infusions ne font pas propres à donner le plaisir de ce spectacle, vû qu'elles doivent avoir un certain rapport pour y faire subsister les animaux en vie ; & c'est ce que nous avons fait voir dans plusieurs des Chapitres de cette seconde Partie.

CHAPITRE XVII.

On prouve dans ce Chapitre qu'il y a de tres-petits animaux qui en devorent de plus gros.

Qu'il y en a de si petits qu'ils échappent aux meilleurs yeux armez de Microscopes.

Qu'au bout d'un certain tems en esté on découvre des petits poissons dans l'eau de riviere, ou dans celle de fontaine, sans s'être corrompuë.

Qu'au bout de quatre heures, & même en moins de tems, on trouve plusieurs especes de poissons dans l'eau que l'on a donné à boire à des oiseaux.

Et enfin comment les graines & les plantes doivent être mises en infusion, pour produire de bons effets, par rapport aux experiences dont nous parlons.

QUoyque notre vûë soit à present portée par les Microscopes aussi loin qu'elle peut aller ; & que nous ayons comme forcé la nature à nous découvrir une grande partie de ce qu'elle avoit de plus caché dans les infusions dont nous parlons dans cette seconde Partie ; je ne doute pas neanmoins qu'une infinité d'especes d'insectes, & d'autres animaux, ne demeurent toujours invisibles, soit par le défaut des instrumens, soit par la foiblesse de nos organes, soit par le manque d'application à suivre & à épier ce qui se passe dans une infusion ; soit enfin parce qu'il est difficile, & même impossible de prendre avec le plus menu bout d'une plume à écrire, ou autre semblable corps, de toutes les differentes especes des petits animaux qui se peuvent rencontrer dans une infusion. Je suis persuadé, par ma propre experience, qu'il y en a qui échapent aux plus attentifs ; puisqu'il m'eſt arrivé pluſieurs fois de n'en trouver qu'un d'une ſeule eſpece, dans quelque infuſion particuliere.

L'on découvre, mais rarement, de tres-petits animaux ſur le poux & ſur la puce; & je ne doute pas qu'il ne s'en puiſſe voir encore de bien plus petits ſur le corps de ces der-niers, qui les incommodent, & qui les devorent enfin; com-me je l'ay ſouvent obſervé, en examinant de certaines mou-ches qui étoient mangées par des animaux environ deux mille fois plus petits qu'elles.

Les infuſions d'œillets, de queuës de framboiſes, de ſené, de tabac de toutes les ſortes, font éclore les œufs d'une mul-titude viſible d'inſectes, qui dans les premiers jours ſont ſi menus que l'on a de la peine à les appercevoir, quoy qu'on ſe ſerve d'une lentille qui groſſiſſe conſiderablement : & cela nous fait penſer, qu'il peut y en avoir de ſi petits dans les liqueurs, que nous manquons de Microſcopes pour nous les faire appercevoir; ou plutôt, que le peu de lumiere que ces petits animaux ſont capables de refléchir dans nos yeux, n'eſt pas ſuffiſante pour cauſer un ébranlement capable de les faire ſentir.

L'eau commune expoſée à l'air durant une quinzaine de jours, d'un tems aſſez temperé, nous preſente aux yeux ar-mez d'un Microſcope quantité de petits poiſſons, de groſ-ſeur, de figure & de mouvemens differens, qui ne ſubſiſtent que tres-peu de tems, en comparaiſon de la plûpart de ceux qui s'obſervent dans les infuſions des plantes, ou dans celles des drogues telles qu'elles puiſſent être, à cauſe du peu de nourriture qu'ils y trouvent.

La même eau dont je viens de parler étant donnée à boire aux ſerins de Canarie, ou à d'autres oiſeaux, nous en pre-ſente d'un jour à l'autre : il s'y en voit ſouvent de quatre à cinq eſpeces tres-differentes les uns des autres, & tres-pro-pres à divertir agréablement le ſpectateur; parce qu'en un moment il y obſervera des anguilles à peu près ſemblables à celles du vinaigre, mais plus courtes : Des limaſſes qui s'é-tendent & ſe raccourciſſent conſiderablement, en ſe traînant & s'appuyant tantôt ſur la tête, & tantôt ſur le derriere, où l'on voit deux pointes faites en forme d'un foſſet, avançant

aſſez

aſſez lentement ; ce qui fournit le moyen d'obſerver pluſieurs choſes aſſez curieuſes. D'autres fois on voit ces animaux nager tres-vîte , & alors ils paroiſſent avoir deux têtes , qui s'écartent & ſe rapprochent alternativement l'une de l'autre : leur couleur reſſemble à celle de l'ambre jaune. Le contour du corps de ce poiſſon ſe voit mal terminé ; il reſſemble à la maſſuë d'un Géant , particulierement quand il étend quelque peu ſon corps du côté de la tête ſeulement.

On voit auſſi dans cette même eau de petits vers longuets, d'une apparence d'environ quatre à cinq lignes de longueur, qui changent de figure en nageant , & d'autres animaux aſſez ſemblables à une Cornemuſe : enfin j'y en ay vû encore de figure ovale , à la reſerve de l'endroit où eſt la tête , qui eſt un peu applatie ; traînant apres eux une longue queuë blanche & tranſparente , qui ſe termine en une pointe tres-aiguë.

Nous avons toujours mis les tiges des plantes , leurs feüilles , leurs fleurs , & les fruits en infuſion , ſans les réduire en poudre , & ſans les macerer ; parce qu'étant autrement préparées & miſes en infuſion , elles rendroient la liqueur opaque & trop épaiſſe , & l'on n'y pourroit rien voir de diſtinct.

L'écorce des arbres ſe met en infuſion par petits morceaux , de même que le bois des gros arbres, & les gros fruits. Les pepins de ces fruits , les grains de poivre , & autres choſes ſemblables s'y mettent tout entier.

La ſuie de nos cheminées , le tabac grainé , le râpé , & celuy qu'on paſſe au tamis , produiſent de petits animaux ; mais on les voit ſi confondus avec les menuës parcelles de tous ces corps , qu'on n'a aucune ſatisfaction des obſervations que l'on fait ſur ces poudres.

Et à l'égard des ſucs , tant des fruits que des plantes , on en ſeparera la partie la plus groſſiere pour mettre le reſte en infuſion dans de l'eau commune , qui les éclaircira ſuffiſamment pour y faire appercevoir ſucceſſivement toutes les productions dont ces ſucs ſeront capables.

Les experiences précedentes me paroiſſent en aſſez grand nombre , pour oſer entreprendre de jetter les fondemens d'une nouvelle hypothéſe , qui puiſſe ſervir à rendre raiſon

de tous les Phénomenes qui regardent les infectes, & les autres animaux contenus dans les infusions precedentes ; &
même dans toutes celles que nous examinerons cy-aprés.

CHAPITRE XVIII.

*Hypothése pour servir à rendre raison de la naissance, du pro-
grès, & de la mort des animaux que l'on observe dans les
liqueurs préparées, & dans celles qui ne le sont point.*

ON a crû autrefois que tous les infectes, & d'autres petits animaux s'engendroient de corruption ; mais depuis que plusieurs celebres Philosophes ont donnez sur cette
matiere les observations qu'ils ont faites avec beaucoup de
soin & d'exactitude, on est revenu de cette erreur : Ils ont
prouvé par un grand nombre d'experiences, & par des raisonnemens incontestables, que tous les animaux, de quelque nature qu'ils soient, viennent des œufs. En effet, comment peut-on comprendre que l'alteration & la pourriture,
qui naissent de la division & de la separation des parties d'un
corps en d'autres parties plus petites, puissent jamais s'ajan-
cer les unes auprès des autres, & s'unir comme il le faudroit,
pour composer des corps vivans, qui devinssent capables de
chercher de quoy se nourrir en marchant, en rampant &
en nageant, & même de produire leur semblable, comme
l'on voit que font ceux qu'on trouve dans les infusions des
plantes ? C'est ce que je ne pense pas qu'un homme capable
de refléxion puisse s'imaginer, quelque effort qu'il fasse pour
en venir à bout.

Mais afin d'avoir de quoy combattre ce préjugé si dange-
reux à la Religion, en attribuant au hazard, c'est-à-dire, à
une cause qui n'est ni apparente ni nécessaire, ce qui est assu-
rément l'ouvrage le plus parfait d'une puissance infinie ; il
n'y a qu'à faire attention aux experiences contenuës dans
cette Histoire, & aux raisonnemens qui suivent.

La corruption n'est pas la cause de la generation des pe-

tits animaux qui se voyent, avec le Microscope, dans l'eau
des moules, dans celle des huîtres à l'écaille; puisqu'on les
y découvre avant que ces mêmes eaux soient corrompuës.

Elle n'est pas non plus la cause de la generation d'une infinité de tres-petits poissons que nous avons vûs dans differentes infusions; puisque les matieres de toutes ces infusions
n'étoient point encore alterées ni corrompuës, lorsqu'on a
commencé à les y voir.

Si la pourriture étoit la cause de la naissance des insectes
que nous appercevons dans une seule infusion, on les y devroit voir tous, dés que la matiere infusée seroit pourrie;
ce qui n'arrive pas, puisqu'on les y voit se succeder les uns
aux autres durant plus de treize à quatorze mois.

Si la pourriture contribuoit à la generation des insectes
dont nous parlons; plus un corps seroit pourri, plus on y devroit voir d'animaux; cependant on voit arriver tout le contraire dans l'urine que l'on garde plusieurs jours. Dans une
infusion de poreaux mis dans de l'eau commune, les champignons, une coque d'œuf remplie d'eau, &c. sont des choses que l'on est obligé de supprimer en peu de jours durant
les grandes chaleurs; parce qu'elles choquent l'odorat d'une
maniere insupportable.

Le sang humain, sans aucun mélange, ayant été exposé à
l'air durant prés d'un mois, & dans un tems assez chaud,
n'a fait sentir qu'une odeur insupportable; & quoyque j'aye
mis de l'eau commune dans le même vaisseau où il étoit, &
examiné ce mélange assez de tems, je n'y ay rien vû qui m'ait
paru avoir aucune apparence de vie.

On peut encore ajoûter, qu'il y a des corps qui ne changent que peu ou point d'odeur; qui fournissent des animaux
differens les uns des autres, durant tout le tems qu'on les
garde en infusion.

Voilà ce me semble des experiences en suffisante quantité,
pour montrer que ni l'alteration, ni la corruption, ni la mauvaise odeur, ne sont point la cause de la generation des animaux, tels qu'ils puissent être: cela supposé, passons à l'éta-
blissement d'une hypothese, pour expliquer ce qui se voit
de plus surprenant dans les infusions des plantes. Je suppo-

feray qu'il vole ou nage dans l'air voifin de la terre , un nombre innombrable de tres-petits animaux de diverfes efpeces, qui s'appliquant fur les plantes qui leur conviennent, s'y repofent, y prennent quelque nourriture , & y mettent au jour leurs petits , pendant que d'autres y dépofent des œufs , où de nouveaux infectes font renfermez.

Et enfin que ces mêmes animaux laiffent auffi tomber dans l'air qu'ils parcourent, des petits & des œufs , particulierement dans les lieux où ils font arrêtez par des corpufcules fpiritueux qui s'échapent continuellement des plantes , & generalement de tous les autres corps, dont les parties ont entr'elles quelque mouvement capable de les fubtilifer affez pour en faire l'évaporation.

De plus , il eft à propos de remarquer qu'une même plante peut être la favorite de diverfes efpeces d'animaux , & par-là devenir en même tems la dépofitaire des œufs & des petits tout vivans de plufieurs efpeces d'infectes ; d'où il fuit que fon infufion fera fuffifante pour faciliter la naiffance , & fournir tout ce qui fera néceffaire à l'accroiffement de tous les differens animaux que nous y appercevrons fucceffivement, pendant tout le tems que durera cette infufion.

CHAPITRE XIX.

Continuation des experiences fur les Liqueurs.

D'un ver de terre trouvé parmi des herbes potageres.

J'Ay mis dans un vaiffeau de verre , de figure cilindrique, d'environ trois pouces de diametre , de l'eau commune, & un ver qui s'étoit rencontré parmi des herbes potageres; long d'environ deux pouces & demi , & d'une ligne de diametre : je le changeay de vaiffeau, & je luy donnay de nouvelle eau commune. Au bout de trois femaines ou environ, il y fit de nouveaux excremens , ce qui me fit juger qu'il avoit trouvé dans cette eau quelque nourriture propre à la

faire vivre durant tout ce tems-là. Je pris alors une tres-petite goutte de cette eau; je la mis sur le porte-objet de mon
Microscope à liqueur, & j'y vis de deux sortes de poissons
qui nageoient dans ce peu d'eau; les uns brillans, & de figure ovale, n'ayant au plus qu'une demie ligne de longueur
apparente, & les autres un peu plus gros, faits comme de
petites cornemuses blanches & transparentes. Tous ces petits poissons disparurent au bout de quatre ou cinq jours;
peut-être que cela vint de ce que le ver les avoit mangez,
ou de ce qu'ils étoient morts faute d'avoir trouvé dans cette
eau de quoy se nourrir plus long-tems. Six semaines après je
jettay l'eau de ce vaisseau pour y en mettre d'autre; trois
jours après j'y apperçûs de deux sortes de petits poissons:
enfin au bout de trois mois ce ver me parut comme lié ou tors
en un seul endroit de tout son corps, ce qui le fit mourir après
s'être bien tourmenté durant un jour.

Cette experience, & une seconde toute semblable, que
je fis long-tems après, sur un autre ver de terre de même
nature, semblent suffire pour prouver qu'il y a des animaux
qui ne laissent pas de vivre dans l'eau, quoy qu'ils ayent pris
naissance sur la terre, où ils subsistent ordinairement.

Voicy encore une belle experience qui prouve la même
chose. Ayant mis de la poudre, que l'on trouve sur de certains fromages, parmy laquelle il y avoit beaucoup de mittes vivantes dans de l'eau commune, je m'apperçus qu'elles
y vécurent depuis le 20. Février jusqu'au 15. Mars suivant,
durant lequel tems il s'y forma de trois sortes de poissons,
qui ne meritent pas d'être décrits.

CHAPITRE XX.

D'une infusion de Rhubarbe.

LA Rhubarbe est une des drogues purgatives qui demeure le plus de tems en infusion dans de l'eau commune, sans qu'on y apperçoive aucun poisson, ny qu'elle

rende aucune odeur defagréable : je l'ay obfervée durant un mois fans y avoir vû aucune chofe de confiderable. Enfin au bout de cinq femaines je commençay d'y remarquer une feule forte d'animaux, qui ne merite pas que j'en faffe une defcription particuliere ; nous dirons feulement que le mélange d'une goutte de cette infufion, avec autant de celle du fené, ne fait pas perir les poiffons de l'une ny de l'autre efpece ; & qu'au bout de quinze jours, les animaux de l'infufion de la Rhubarbe fe font trouvez morts.

CHAPITRE XXI.

De l'infufion d'un champignon, mis à froid dans de l'eau commune.

L'Infufion à froid d'un gros champignon, produifit d'un jour à l'autre une multitude étonnante de tres-petits animaux de figure ronde, de la groffeur d'un grain de navette, vûs au Microfcope, qui multiplie environ vingt-cinq mille fois l'apparence ordinaire de ce grain.

Le troifiéme jour de cette infufion, j'y en découvris qui étoient plus gros, & dont la tête un peu courbée fe terminoit en pointe, & dont tout le corps étoit affez approchant d'une larme de verre.

Une troifiéme efpece parut bien-tôt parmy les deux précedentes, s'y tremouffant extraordinairement fans pourtant y parcourir plus de deux lignes apparentes de chemin ; ils étoient de figure ovale, dont le grand diametre n'avoit au plus que deux lignes de longueur : & une quatriéme forte fe prefenta à mes yeux, n'ayant au plus que la douziéme partie d'un pouce de diametre, formant un contour parfaitement rond en apparence.

Cette infufion devint au bout de cinq ou fix jours d'une odeur tres-forte, & difficile à fupporter : ce fut alors qu'on apperçut de petits moucherons s'amaffer & voltiger au-deffus de fa furface, où ils demeuroient affez de tems pour y déposer un grand nombre de tres-petits vermisseaux , qui se nourrissoient dans la pellicule qui s'y étoit formée.

Cette mauvaise odeur se dissipa peu à peu : les morceaux de champignon se précipiterent au fond du vaisseau ; la pellicule épaisse qui s'étoit formée à sa surface y tomba aussi , & les vers n'y parurent plus. Mais l'on continua de voir dans une tres-petite goutte de cette infusion , de petits animaux de figure ovale , les uns presque en repos , & les autres en grand mouvement.

J'examinay ce champignon avant que de le mettre en infusion ; je le trouvay beau , vermeil , & frais ceüilly ; j'y apperçûs avec une loupe d'un pouce de foyer , deux petits animaux blancs , ayant chacun pour ornement deux belles cornes au-devant de la téte , plus longues que n'etoit le reste de son corps. Chacun de ces petits animaux paroissoit avoir au plus la grosseur d'un ciron ; ce qui me semble prouver qu'il y a des animaux qui déposent leurs petits sur des végétaux ; & confirmer en même tems une partie de ce que nous avons avancé dans notre hypothése.

CHAPITRE XXII.

Des petites fleurs colorées diversement , qui se trouvent dans les prez.

SI vous mettez infuser à froid , dans de l'eau commune ; de ces menues fleurs diversement colorées & ceüillies dans un pré , lorsqu'elles sont nouvellement épanoüies ; vous aurez dans l'infusion , au bout de quelques jours , une espece singuliere de poisson qu'on peut nommer semelles , à cause de la ressemblance qu'il y a. On en voit un representé au haut de cette Planche , placé entre les lettres A B C ; dont le nager m'a paru assez lent , & s'executer en dandidant. Cette lenteur qui se remarque en luy , nous donne occasion de conjecturer que ces poissons sont tournez en forme d'une gourde allongée , parce que l'apparence de leur largeur B C est toujours égale à elle-même, dans le tems que la partie C s'abaisse, & que B s'éleve.

Sa tête est immédiatement au dessous de la lettre A; elle s'incline vers B & vers C: elle s'allonge aussi & se raccourcit. On voit quelquefois tout son corps devenir rond comme une boule, dont la superficie paroît inégale & raboteuse. Le dedans de leur corps est marqueté de taches longuettes, en chacune desquelles on a remarqué un mouvement péristaltique.

On voit souvent ces animaux se frôler les uns contre les autres, en se mouvant assez lentement; & on les apperçoit rarement se choquer par la tête, qu'ils dirigent durant le nager d'une maniere tres-agréable, en s'évitant les uns les autres, comme feroient des danseurs figurant ensemble, dans une entrée de balet. Leur corps est si transparent qu'on y distingue toutes les parties interieures qui font plaisir à voir, par le changement de figure & de couleur qu'on apperçoit dans ces visceres, qui brillent lorsqu'ils se mouvent d'une certaine maniere. Et lorsque la goutte de liqueur, mise sur le porte-objet du Microscope, vient à s'épaissir par l'évaporation qui s'en fait, on apperçoit des agitations surprenantes, qui les écartent & qui les rapprochent les uns des autres.

Ces gros animaux paroissent tout seuls dans le commencement de l'infusion; & ce n'est qu'au bout d'environ quinze jours que l'on commence d'y en appercevoir un assez bon nombre representez en 2; ce qui est tout le contraire de ce que j'ay observé dans la plûpart des autres infusions, où les petits paroissent avant les gros.

Au bout d'un mois ou environ tous ces gros poissons périssent dans l'infusion, où l'on continuë d'observer les petits autant de tems, aprés quoy on n'y voit plus rien qui ait vie. Or il est à propos que j'avertisse que cette infusion avoit été separée des fleurs, & comme tirée au clair, pour la mettre dans un autre vaisseau, afin de la pouvoir plus facilement transporter en divers endroits de cette Ville.

CHAP.

CHAPITRE XXIII.

Du petit basilic qui a une odeur de citron.

NOus avons observé quelques jours aprés l'infusion à froid de ce basilic, trois sortes de poissons ; les premiers sont vûs au-dessous du chiffre 1 ; les seconds au-dessous du chiffre 2 ; & ceux de la troisiéme espece sont vûs à peu prés comme celuy que l'on a representé au-dessous du chiffre 3.

Planche 6.

Le nager de ce dernier poisson s'execute en serpentant ; pliant & repliant son corps diversement, & en tout sens. L'odeur de cette infusion a quelque agrément, qui diminuë de force de jour en jour ; & cette liqueur ne conserve ses animaux qu'environ quinze jours ou trois semaines.

Nous avons representé dans cette Planche les poissons marquez quatre & cinq, qui se sont trouvez dans une infusion de foin nouveau. La couleur des uns & leur figure m'obligent de les nommer Cornemuses dorées ; & celles des autres, Cornemuses argentées. Le poisson marqué cinq, sera nommé Massuë, dont la tête est en D.

Ces animaux s'allongent & se raccourcissent : ils se plient & replient diversement en nageant.

CHAPITRE XXIV.

D'un sediment de vinaigre détrempé d'eau commune.

SI l'on met dans le sediment du vinaigre, qui sera resté dans un vaisseau aprés l'évaporation presque entiere de cette liqueur, environ dix fois autant d'eau commune que de matiere sedimenteuse ; l'on y trouvera au bout de trois ou quatre jours des anguilles, & une infinité d'animaux trespetits, dont la figure m'a paru incertaine, & difficile à dé-

h

Planche 6. terminer. La lettre A, du groupe marqué 6, en est la tête : les autres figures du même groupe sont des especes de Cornemuses, découvertes dés le lendemain de cette experience.

Les anguilles de ce vinaigre d'eau m'ont paru plus grosses que celles du vinaigre ordinaire, vûës l'une & l'autre avec la même lentille.

Remarques importantes.

S'Il arrive qu'on mette infuser, par exemple, du foin dans un vaisseau où il y avoit eu quelque tems auparavant une infusion d'une plante, ou de quelques drogues aromatiques tres-fortes en odeur, & que ce vaisseau n'ait pas été bien lavé aprés cette premiere infusion, la seconde ne réussira pas bien ; car cette seconde pourroit ne pas convenir avec la premiere.

D'ailleurs, l'eau qu'on tire d'une fontaine de cuivre mal étamée, ne convient pas pour bien entretenir la vie de la plûpart des animaux de nos infusions ; parce que cette eau acquiert par le séjour qu'elle fait dans ce vaisseau, une qualité particuliere qui les empoisonne. J'ay même autrefois oüy dire à Monsieur l'Abbé Bourdelot, Medecin de Monseigneur le Prince de Condé, que les eaués qui séjournoient dans ces fontaines de cuivre mal étamées, étant bûës toutes pures, causoient des cours de ventre.

CHAPITRE XXV.

De l'infusion des Barbeaux.

LE 6. Octobre 1712. je vis pour la premiere fois un nouveau poisson dans une infusion de barbeaux, dont la fi- *Planche 6.* gure marquée 7, represente le premier. A, marque la tête de ce poisson, B la queuë, C D la largeur de son corps, qui paroissoit divisé suivant sa longueur par une ligne courbe tirée de B vers A.

La partie du corps de cet animal qui se voit du côté marqué C, sembloit être remplie de plusieurs petits globules, moins transparente en cet endroit que du côté marqué D. Le col de ce poisson qui est fort long, se raccourcit de tems en tems, de même que le derriere marqué B : son nager est d'une lenteur extraordinaire, ce qui me faisoit douter dans le commencement que ce fut quelque chose de vivant. Ce poisson ne dura pas plus de cinq à six minutes en vie ; & quoy qu'il fut difficile d'en rencontrer dans cette infusion où il y en avoit tres-peu ; puisqu'en cinq ou six coups de filets, je n'en pus découvrir que deux, & je m'apperçus que Figure 6. le second marqué 8. n'y dura en vie qu'environ autant de tems que le premier : ce dernier me parut un peu different du premier, car son corps B C, garni de petits globules, le rendoit moins transparent qu'il n'étoit en A B, & en C D.

CHAPITRE XXVI.

D'une infusion de foin vieux.

LE 16. Octobre 1712, ayant jetté un coup de filet dans l'infusion d'un foin vieux, qui avoit été mis en experience le 20. Aoust precedent ; j'y trouvay des animaux de plusieurs especes, parmi lesquels il s'en trouva de deux sortes qui meritent une explication particuliere, dont les moindres en longueur & en grosseur paroissoient au Microscope, monté d'une lentille d'une ligne & demie de foyer, comme il est representé à côté du chiffre 9.

A, est le côté où l'on apperçoit la tête, & B la queuë, qui se termine par deux pointes, formant une espece de fourche blanche & transparente, & dont les pointes luy servent d'appuy pour le faire avancer plus facilement, en rampant sur le porte-objet du Microscope où on le met. Ces animaux ont encore une autre allure qui s'execute en nageant tres-vîte, sans qu'on puisse s'appercevoir d'aucun raccourcissement, ni d'aucun allongement sensible de leur corps.

Les seconds sont des animaux des plus surprenans & des plus extraordinaires que j'aye encore vûs dans les infusions des plantes, tant pour leur grosseur que pour les autres circonstances qui les accompagnent: en voicy deux que j'ay representez en 10, 10, sous deux diverses formes marquées A C D B, & A C E E B. L'endroit qui répond au-dessous de A en designe la tête, B la queuë qui est fourchuë, C le cœur qu'on voit mouvoir regulierement, & D les intestins de cet animal, que j'appelleray Chenille aquatique, à cause de quelques petits rapports de ressemblance qu'elles paroissent avoir avec nos chenilles terrestres. Il y en a de deux differentes couleurs, les unes sont blanches & transparentes; les autres sont d'un jaune pâle; celles-cy paroissent d'ordinaire un peu plus grosses que les autres.

Leur allure s'execute en appuyant les pointes B sur le porte-objet du Microscope, pour s'étendre en avant tant qu'elles peuvent; puis en appuyant l'extremité anterieure de leur corps sur un autre endroit, elles en rapprochent le derriere, & continuent ainsi de se mouvoir en rampant. On les voit souvent s'arrêter sur un endroit du porte-objet, où fixant les pointes B, elles allongent & raccourcissent tout le corps à diverses reprises, sans changer sensiblement le lieu où elles appliquent ces pointes. On voit aussi quelquefois tout leur corps se tourner à l'entour du point B, comme un de nos sauteurs fait tourner tout le sien sur sa tête, en faisant mouvoir ses pieds comme sur une circonference de cercle, dont le centre est à l'endroit où est sa tête.

Cette sorte d'allure n'est pas la seule qu'on apperçoit en ces chenilles; elles s'élancent quelquefois avec tant de force, qu'elles parcourent en un instant une étenduë considerable & apparente du porte-objet, où elles nagent sans se raccourcir ni s'allonger davantage qu'elles ont fait dans le moment de la premiere secousse.

Quand ces chenilles s'arrêtent, on apperçoit pour l'ordinaire qu'elles ouvrent une grande bouche marquée A dans la plus grosse des deux, dont on voit les lévres garnies de poils qui paroissent noirs, & mûs avec beaucoup de vîtesse; ce qui fait voir avec étonnement que les petits poissons, &

les autres corps qui se trouvent n'être éloignez de l'ouverture de leur bouche, que d'environ un pouce apparent, semblent s'y précipiter.

Dans les premieres observations que je fis de ces chenilles, j'apperçûs un petit corps marqué C, qui se mouvoit assez vîte & regulierement ; je crûs d'abord que c'étoit un petit poisson encore vivant qui s'étoit jetté dans son estomac ; mais en continuant mes observations, je fus obligé de croire que c'étoit le cœur de la chenille, dont le mouvement égal executoit ce qu'on nomme sistole & diastole.

J'apperçûs aussi en même tems les intestins de cet insecte marquez D, qui formoient une masse de matiere qui étoit dans un mouvement assez irregulier. Quand ces chenilles s'arrondissent, ce qu'elles font assez rarement, & qu'elles demeurent ainsi quelque tems en repos, on voit briller le dedans de leur corps, qui paroît souvent d'une couleur dorée tres-belle. Il y en a d'autres qui paroissent toutes blanches & transparentes, sans qu'on puisse distinguer les parties interieures, comme on les distingue dans celles dont je viens de parler, qui apparemment sont les mâles, & celles-cy les femelles.

Dans de certains momens on les voit avoir le derriere tout herissé de poils, couchez de E E en B. On les voit aussi avoir le corps mal terminé, & comme s'il étoit façonné en dents de scie. Et en examinant bien ce contour, on apperçoit que ce sont des anneaux qu'on voit rentrer les uns dans les autres, & sortir ensuite avec une promptitude merveilleuse. On apperçoit encore dans de certains momens des filets de nerfs presque imperceptibles, qui s'étendent de la tête à la queuë de ces chenilles, qui s'enflent & qui se désenflent alternativement dans le tems qu'elles rampent ; & font ainsi le jeu, curieux à voir, des anneaux qui composent en partie le corps de ces insectes.

Enfin nous avons encore observé que le mélange des infusions de foin & du celery, dont je parleray bien-tôt, ne faisoient point perir les animaux de ces deux liqueurs, & que ce composé donne lieu à un spectacle tres-réjoüissant ; puisque dans la moindre goutte de ce composé le Spectateur y peut découvrir en un instant une douzaine de poissons differens les uns des autres, & si curieux à voir & à observer, que je ne pense pas que le divertissement de la Comédie, celuy de l'Opera avec toute sa magnificence, ceux des Danseurs de cordes, des Sauteurs, & des combats d'animaux, que nous voyons dans cette superbe Ville, doivent leur être préferez.

Et il est certain que l'étude de ce que nous remarquons dans ces infusions durant une année, remplit davantage la capacité de l'esprit, que ne font tous les grands appareils d'un festin des plus magnifiques.

Voicy le dessein d'une autre espece de chenille aquatique, qui a été péchée dans une infusion à froid de la queuë d'un bouquet, composé d'œillets, de jassemin, de tubereuses, & de quelques autres fleurs; qui n'ayant pû trouver place dans la sixiéme Planche, a été dessinée & gravée de toute sa longueur apparente dans la cinquiéme. Celle-ci differe de la précedente; 1°. En ce qu'elle est beaucoup plus longue: 2°. Que sa queuë marquée 1 est composée de trois pointes, au lieu de deux. 3°. Que l'on observe deux petits bras à côté du cœur marqué 3, qui luy servent d'appuis pour ramper, & pour s'élancer quand elle veut nager; ce que je n'ay pû remarquer dans l'autre. 4°. Que ses intestins marquez 4 ne forment qu'une masse, sans aucune division ou separation qui soit apparente.

Enfin l'on n'y découvre ni anneaux, ny filets de nerfs, ny dents de scie, ny poils dans la longueur de sa queuë. Tout le reste est icy de même que dans la chenille precedente.

CHAPITRE XXVII.

De l'infusion des fleurs d'un Citronier.

LE 14. Aoust 1713. un de mes Amis ayant mis infuser à froid des fleurs d'un Citronier , dans de l'eau commune , il y apperçut de trois sortes de poissons en peu de jours , qui ne meritoient pas d'être representez par des figures : mais en continuant ses observations , il en vit d'autres qu'on peut appeller Tortuës. En voicy une representée en 11, comme il l'a vûë. Sa tête , que l'on voit assez large , est bien courte ; elle est ornée de deux cornes , à peu près semblables au bois d'un cerf , & comme emboêtée dans l'une des extrémitez de son corps , qui paroissoit comme couvert d'écailles.

    Planche 6.

Sa queuë est tres-longue , & composée de plusieurs pieces emmanchées l'une dans l'autre ; & quoy qu'on n'ait pû découvrir de pieds ou de nageoires autour du corps de cette tortuë , neanmoins les divers mouvemens que l'on a observez dans ses démarches , font assez juger qu'elle en étoit munie.

CHAPITRE XXVIII.

D'une infusion d'anémone , surnommée la Royale.

LA nature qui se plaît à diversifier ses productions , & qui se fait admirer dans tous ses ouvrages , continuë à nous en donner des preuves dans cette infusion d'anémone , préparée à l'ordinaire avec de l'eau commune , puisqu'au bout d'environ huit jours on apperçut dans une goutte de cette infusion un animal nouveau , de la grosseur & de la figure qu'on l'a representé à l'endroit de cette Planche marqué 12.

    Planche 6.

Tout le dessus de son corps est couvert d'un beau masque

bien formé , de figure humaine , parfaitement bien fait ;
comme on en peut juger par ce deſſein , où l'on voit ſix pattes & une queuë , ſortant de deſſous ce maſque , qui eſt cou-
ronné d'une coëffure ſinguliere.

On voit enfin dans cette Planche , & à côté du nombre 13,
une anguille d'une conſtruction particuliere , que je pechay
un jour dans l'eau commune qu'on avoit donné à boire depuis quatre heures à un de mes ſerins de Canarie. Cette anguille paroiſſoit blanche & bien tranſparente , n'ayant rien
dans l'étenduë de tout ſon corps qui fut capable d'empêcher
ſa parfaite diaphaneïté. Elle me parut plus groſſe & plus
courte que celles du vinaigre , & d'une compoſition bien differente ; puiſque ſa longueur ſembloit être couverte d'une
membrane tres-déliée , tournée en ſpirale , formant des anneaux qui rentroient les uns dans les autres , & qui en ſor-
toient avec une facilité merveilleuſe.

CHAPITRE XXIX.

*Des infuſions de trois differentes portions d'une tige de celeri ,
miſes à part dans divers vaiſſeaux de verre.*

LE premier Novembre 1712 , je pris une plante de celeri
que je mis infuſer à froid dans trois vaiſſeaux de verre ,
ainſi que nous l'allons dire : Je mis dans le premier vaiſſeau
une partie de la tige rompuë en petits morceaux , pour y
être mieux rangez ; je verſay par-deſſus de l'eau commune ,
dont j'achevay de remplir le vaiſſeau : je ne mis que de l'eau
Planche 7. commune dans le ſecond vaiſſeau , par-deſſus des fëuilles
vertes de cette plante ; & dans le troiſiéme vaiſſeau je mis
quelques morceaux de la tige de cette plante , avec des fëuïl-
les & de l'eau.

Le ſeptiéme jour de ces préparations , j'apperçûs pour la
premiere fois des poiſſons dans chacune de ces liqueurs ; j'en
vis de deux ſortes dans le premier vaiſſeau , & d'une ſeule
eſpece dans les deux autres.

Mais

Mais un mois aprés, en examinant exactement chacune de ces liqueurs, je remarquay que ces trois infusions contenoient environ dix sortes d'animaux de diverses grosseurs, de diverses figures, & de differens mouvemens, dont je vais donner une explication particuliere; car il en est de cecy comme d'un Tableau d'histoire qu'un Peintre celebre vient d'achever, & qu'il fait voir à ses amis, qui selon le plus ou le moins de connoissance qu'ils ont de la Peinture, y découvrent plus ou moins de beauté.

Ceux qui sont marquez 1 & 2, sont les plus petits; mais ils surpassent en nombre ceux de toute autre espece qui se trouvent dans les trois vaisseaux. Je les represente icy de la figure & de la grosseur que je les ay vûs avec la lentille d'une ligne & demie de foyer : les plus petits ressemblent à un 8 de chiffre, quand ils sont accouplez, & le plus fort des deux entraîne, en nageant, le plus foible. Planche 7.

Ceux qui sont representez en 2, que je nomme Cornemuses, s'accouplent par le bec, qu'elles ont un peu courbé & assez aigu; on voit que nonobstant cet accouplement, elles ne laissent pas de nager tres-vîte : leur allure est assez agreable à voir; elles voyagent dans la goutte de liqueur en s'enfonçant & se relevant alternativement, & se tenant ainsi, elles s'écartent & se rapprochent l'une de l'autre, sans s'arrêter un seul moment.

Toutes ces Cornemuses ne sont pas entierement semblables; il en est de cela comme des animaux d'un même genre, qui a sous luy differentes especes.

Les unes nagent seules avec une rapidité extraordinaire, pendant que d'autres avancent d'une vîtesse mediocre, & qu'on en voit qui vont tres-lentement : quelques autres demeurent assez long-tems en repos; mais la plûpart sont dans une agitation perpetuelle. Il y en a de longues & de courtes, de blanches argentées, de jaunes dorées, & de brunes.

Une curiosité des plus singulieres, c'est d'observer ce qui se passe au-dedans, & tout autour d'une masse de matiere formée d'une tres-petite pellicule, que les meilleurs yeux ne peuvent découvrir sans Microscope, & qui se prend au hazard à la surface de l'infusion, s'attachant au bout de la tige la plus menuë d'une plume à écrire, pour les mettre sur le porte-objet du Microscope ; car on y voit fourmiller tous les animaux dont nous parlons : ils y sont en si grand nombre, & ils s'y remuent avec tant de vitesse, qu'on a de la peine à détourner sa vûë d'un spectacle si nouveau & si surprenant : aussi croit-on difficilement ce que j'en dis, si je n'étois prêt de faire observer toutes ces choses à ceux qui en voudroient douter. Il s'en voit dans de certains endroits quelques-uns d'accouplez differemment ; ailleurs il y en a qui s'arrêtent faisant le guet comme des sentinelles, qui semblent appréhender d'être surprises, tandis que d'autres pour aller à la découverte, s'éloignent de la masse, puis s'en rapprochent, comme s'ils avoient quelque chose à faire entendre à ceux qui demeurent aux environs.

On voit souvent dans une autre goutte de la même infusion, prise dans un autre endroit du même vaisseau, un spectacle tout nouveau, qui donne beaucoup plus de plaisir que l'on n'en a eu auparavant. On y découvre, par exemple, des especes de poissons longs & plats, que j'appelle des solles : les voicy representées dans les endroits marquez 3, 3, comme nous les avons vûës. L'endroit de ce poisson le plus aigu, est la tête ; le reste de son corps est transparent, à la reserve de quelques petites taches brunes que l'on y voit en dedans. Les changemens de postures, & la varieté des mouvemens que l'on remarque en ces insectes, font beaucoup plus de plaisir à voir, & donnent plus de satisfaction, que ne feroit tout ce que l'on en pourroit lire dans une description particuliere.

Dans le vaisseau où il n'y a que des feüilles en infusion, on y découvre entr'autres animaux, des poissons semblables à ceux qui sont exprimez dans les endroits marquez 6. On voit immédiatement au-dessous, au-dessus, & à côté de ce chiffre, une ouverture assez considerable qui paroît tantôt ronde & tantôt ovale, selon qu'elle se presente à nous. Cette grande ouverture est la bouche de ce poisson, qui diminuë si fort dans de certains momens, qu'on ne la peut plus appercevoir. Le nager de ce poisson s'execute en dandinant, de sorte qu'on le voit balancer, tantôt à droit, puis à gauche , se conduisant en apparence par des mouvemens circulaires qu'il fait de sa tête. L'on s'apperçoit encore qu'il change de figure en se pliant & repliant, en s'arrondissant tout à coup en forme de boule , puis s'allongeant tres-vîte pour se remettre dans son état naturel. On voit par ces desseins qu'il va en diminuant de grosseur depuis la tête jusqu'à la queuë, qui le plus souvent n'est pas terminée en pointe ; car il ressemble à un pain de sucre coupé vers le sommet par un plan parallele à sa base.

Ce poisson meurt le premier de tous ceux qui se trouvent dans la petite goutte de la liqueur , mise en experience sur le porte-objet du Microscope ; & un peu avant que d'expirer , on le voit se mettre en un petit peloton , dont la superficie paroît raboteuse & inégale.

Les animaux dont je viens de parler sont si délicats , qu'ils perdent entierement leur consistance , dés que la goutte de liqueur où ils nageoient se trouve évaporée.

Et quoy que tous ces poissons nagent tres-vîte dans une étenduë qui n'a pas plus d'une ligne de diametre , & qu'ils y soient en tres-grand nombre , neanmoins les uns & les autres s'évitent avec tant d'adresse , qu'on n'en voit point s'entrechoquer ; ce qui marque qu'ils ont des yeux.

Il n'en est pas de même d'une autre espece de poissons , qui se découvrent parmy ceux dont j'ay deja parlé , & dont la plûpart semblent n'avoir ny tête ny yeux : nous les avons representez aux endroits marquez 4 , 4 , 4 ; on voit leur corps se terminer par une longue queuë blanche & transparente. Nous sommes portez à croire que ces animaux n'ont point d'yeux ; parce que faisant route ils n'évitent aucun des corps qui se trouvent dans leur chemin : on s'apperçoit qu'ils reculent dés le moment qu'ils ont touché à ces obstacles ; aussi remarque-t-on qu'ils avancent souvent tres-lentement , ainsi que font les aveugles des Quinze-vingts , lorsqu'ils marchent dans les ruës de cette Ville , où il y a d'ordinaire beaucoup d'embarras.

Au bout de la queuë de ces sortes de poissons , on y voit souvent une petite portion de la pellicule qui se forme sur la surface de l'infusion d'où on les a tirez : ils la traînent aprés eux quand elle ne tient point au porte-objet où l'on met la liqueur; mais lorsqu'elle y tient de maniere que ne pouvant l'en détacher, ils reculent vers elle tout à coup, & s'en éloignent de nouveau tres-lentement.

Dans la moindre goutte de liqueur que j'aye pû prendre dans le troisiéme vaisseau où sont mêlées les feüilles, la tige & la racine; j'y ay trouvé une si grande multitude de petits animaux marquez 1, que ceux dont on a parlé cy-devant avoient de la peine à les traverser en nageant entr'eux. Et voilà ce que j'ay pû observer depuis le commencement de ces infusions, jusqu'au troisiéme Decembre 1712.

Trois jours aprés l'examen des experiences precedentes, je remarquay que tous ceux à qui j'avois fait voir une partie des choses que nous venons de décrire, prenoient un plaisir si grand à les considerer, qu'ils avoient peine à quitter le Microscope préparé d'une seule goutte de l'une ou de l'autre des infusions du celeri, dont je viens de parler; en sorte que pour examiner ce qu'ils appercevoient dans ces trois differentes infusions, il auroit suffi d'un seul Spectateur pour m'occuper durant une heure, & quelquefois plus, à préparer le Microscope, & à répondre aux difficultez qu'il m'auroit fait l'honneur de me proposer sur ce qu'il voyoit, ce qui m'obligea de penser à une experience que voicy; en sorte que s'il arrivoit qu'elle pût réüssir, elle seroit tres-commode pour diminuer des deux tiers le tems qu'il falloit employer pour observer les infusions qui étoient dans les trois vaisseaux de verre que je faisois voir l'une aprés l'autre; & même pour transporter dans un seul vaisseau une liqueur où il y auroit dans la moindre goutte qu'on en puisse prendre, de toutes les diverses especes d'animaux qui seroient dans les trois infusions de celeri.

Pour voir si cela réüssiroit, comme je me l'étois imaginé; je pris avec une petite cuëilliere à caffé, une portion de l'eau de chaque infusion, que je versay sur un linge fin mis au-dessus d'un petit verre pour l'y recevoir, aprés avoir traversé les pores de ce linge; & immédiatement aprés je mis une petite goutte de cette eau sur le porte-objet de mon Microscope, & j'y apperçûs des animaux d'une beauté à faire plaisir; &

de toutes les especes que j'avois vûës dans les trois infusions
examinées separément, à la reserve de ceux en qui j'avois
observé une longue queuë , & que j'ay nommez Aveugles ;
dont je ne fus pas surpris ; car cette queuë & la pellicule qui
s'y attache tres-communément , suffisoient pour faire obsta-
cle à leur passage , au travers des pores tres-petits du linge
dans lequel je les mettois comme dans un tamis.

Le plaisir que m'avoit d'abord causé la réüssite de cette
experience ne dura pas long-tems , puisqu'environ trois heures après je m'apperçûs par une seconde épreuve que presque tous les poissons de deux especes étoient déja morts , &
qu'il y en étoit resté tres-peu des autres à proportion de ce
qu'il y en devoit avoir. Enfin le lendemain en examinant
cette même liqueur , je la trouvay encore dénuée d'une partie de ceux qui y étoient restez le jour precedent.

Je ne suis pourtant pas fâché d'avoir imaginé ce mélange ;
car quoy qu'on ne puisse pas conserver tous les animaux qui
s'y remarquent d'abord , on ne laisse pas d'avoir bien du
plaisir à observer le spectacle qu'elle nous presente ; & l'on
peut dire qu'il en est de cela comme d'une Piece d'anatomie
qui paroît tres-belle , & tres-propre à faire admirer l'adresse
de l'anatomiste , pour nous faire voir tout d'un coup des beau-
tez surprenantes , qui ne subsistent souvent qu'autant de tems
qu'il en a employé dans la préparation.

On voit encore de gros poissons ovales , comme en 5 , dont
on ne peut distinguer l'endroit où est la tête , que par leur
divers mouvemens , à cause de l'égalité de figure & de grosseur qui se remarquent aux extrémitez du plus grand diametre du profil de ces poissons.

Dans une seconde infusion des feüilles du celeri j'y ay vû
un nouveau poisson , dont on voit la figure & la grosseur apparente au-dessous du chiffre 7 : la tête repond au chiffre 8 ,
où l'on découvre comme des poils mouvans de tems en tems.
Son allure est tres-lente , & sa figure inconstante , paroissant
tantôt sous la forme d'une Cornemuse , & tantôt sous celle
d'un Croissant.

On apperçoit aussi souvent des mittes dans l'infusion de la
tige du celeri , mise sur le porte-objet du Microscope , où

on les voit marcher d'une grande vîteſſe.

Dans une troiſiéme infuſion de celeri je n'ay point apperçû tant de ſortes d'animaux, qu'il y en avoit dans les deux premieres, à cauſe que les deux vaiſſeaux où je mis infuſer ce dernier celeri, avoient ſervi à mettre en infuſion de l'oignon dans l'un des deux, & un poreau dans l'autre ; quoyque ces deux vaiſſeaux euſſent été bien lavez auparavant d'y mettre le celeri.

Les poiſſons, que je nomme Aveugles, ouvrent ſouvent de grandes bouches, & alors on apperçoit que tous les petits corps, qui n'en ſont qu'à un pouce de diſtance apparente, ſemblent s'y précipiter ; enſuite on voit qu'ils s'en ecartent par les côtez, comme ſi cet animal les repouſſoit avec vîteſſe.

On voit auſſi aſſez ſouvent qu'en quelques-uns de ces derniers poiſſons, une partie de leur queuë eſt tournée comme un tire-boure.

Entre 9 & 10, on voit un autre poiſſon de figure ſphéroïde ; il prend auſſi de tems en tems celle qui eſt au-deſſous du chiffre 11, & d'autres fois celle que l'on voit au-deſſous de 12 ; & c'eſt dans cette derniere qu'on le voit commencer à ſe mouvoir d'une vîteſſe ſi extraordinaire & ſi ſurprenante, qu'il n'eſt pas poſſible de la pouvoir exprimer ; & de tems en tems on leur voit faire des culbutes qui ont du rapport avec quelques-unes de celles que font nos Sauteurs, qui mettent leur têtes entre leurs genoüils, pour tourner en roulant ſur une ſuperficie plane, ou ſur un chemin uni pratiqué ſur le penchant d'une montagne.

Nous fîmes enſuite diverſes autres infuſions de celeri, dans leſquelles nous apperçûmes quelques autres poiſſons differens des précedens : on en voit un au-deſſous du chiffre 13, qui reſſemble aſſez à une bouteille.

A l'endroit marqué 14, on y voit trois cornemuſes aſſez groſſes, deux deſquelles paroiſſent accouplées d'une autre façon que celles qui ſont en 2.

Enfin au-deſſous du chiffre 15, on y voit un poiſſon des plus extraordinaire que l'on en puiſſe voir : il eſt preſque tout rond, & ſon corps eſt tout couvert de poils : ſon mouvement est à peu près semblable à celuy d'une pirouette qui tourne sans guéres changer de lieu.

J'ay remarqué que l'infusion du celery se géle plus difficilement que celles du foin, du poivre, des écorces de plusieurs sortes de bois infusées séparément, &c. d'où l'on peut conjecturer que le mouvement particulier des parties de cette eau de celery, est plus grand que n'est celuy de celles des infusions dont je viens de parler.

CHAPITRE XXX.

De plusieurs infusions de paille & d'épis de bled.

AU commencement du mois de Mars de l'année 1714, je mis infuser à froid de la paille de bled & deux épis, dans de l'eau de fontaine, & dés le second jour de cette infusion, j'y apperçûs des poissons représentez sous le chiffre 1, que je nomme Cornemuses.

Il s'y en trouva aussi plusieurs autres semblables à celuy qui est marqué 2, que je nomme Urinal, dont la bouche est au-dessous de la lettre A : le dedans de leurs corps étoit rem- Planche I. pli de quantité de petits corpuscules, les uns blancs & transparens, & les autres bruns. Parmi ces deux sortes de poissons, j'y en apperçûs d'une troisiéme espece, que j'ay nommez Rognons argentez : on les voit représentez au nombre de quatre, formant un groupe autour du chiffre 3, & tournant chacun suivant l'ordre des lettres A C B. Ils se mouvent aussi d'un mouvement direct & assez lentement.

Le corps de ce poisson est de couleur d'argent mat ; & quoyqu'il soit parsemé de petits corps bruns en des endroits, & tout-à-fait opaques en d'autres, il ne laisse pas d'être assez transparent : la tête se voit en A, le derriere en B, & son dos en C.

Une autre espece de petit poisson se fit voir sous une forme ovale, de la longueur d'une ligne ou environ. Peu de jours aprés j'y en apperçûs d'une quatriéme espece, que j'ay nommé Bouteille dorée, à cause de sa figure la plus constante, & de sa couleur.

La bouche A de ce poisson s'applique quelquefois sur un corps rond qui s'y attache fortement, de maniere qu'ils paroissent ensuite ne composer qu'une masse, qui ressemble à une gourde figurée en 6. Et ce qu'il y a de plus surprenant, est de voir ce poisson continuer son nager avec sa proye.

Une cinquieme espece de poisson que j'ay nommé Solles dorées, à cause de sa figure & de sa couleur, est vûë icy dans toute sa longueur, qui est tres-considerable ; puisque depuis sa tête qui est en A, jusqu'à son autre extrémité B, il y a environ vingt lignes : sa forme n'est pas constante, puisqu'on le voit se raccourcir & s'allonger de moment en moment pendant son nager, qui s'execute tres-vîte, & en diverses façons.

On juge facilement que ce poisson est plat, à peu prés comme une solle ; parce que durant son nager on voit sensiblement augmenter & diminuer la largeur de son corps.

Voicy une septieme espece d'insecte que nous avons nommé Aveugle, mais qui differe en quelque chose des precedens. L'endroit A designe leur bouche, qui est quelquefois si grande, qu'elle surpasse la largeur de leur corps. B C est la queuë de ces poissons, au bout de laquelle on voit une pellicule qu'ils traînent aprés eux.

On decouvre encore de petits poissons de figure ovale, qui sont de diverses grosseurs, parmi lesquels il y en a qui sont en tres-grand mouvement, pendant que d'autres semblent être dans un repos si grand, qu'on n'auroit pas de peine à croire qu'ils sont morts, si on ne les voyoit pas, comme on fait, prendre tout à coup l'essort : vous les voyez representez entre les queuës de deux aveugles.

Des Sygnes.

JE donne le nom de Sygnes à de certains poissons que j'ay vûs dans cette même infusion de paille ; parce que j'y trouve quelque ressemblance exterieure : en voicy trois à côté des chiffres 8, 8, 8. L'endroit A marque l'extrémité de

leur

leur tête ; B , l'extrémité de la queue ; & C , un gros ventre. Il s'en voit souvent de deux especes dans une même petite goutte de cette infusion ; les uns étant tres-transparens , & les autres assez bruns au-dedans du corps , où l'on voit leur visceres en mouvement. Leur nager s'execute assez lentement , & d'une maniere grave , soit en avançant , soit en reculant , ou en tournant.

Ils retirent souvent la tête vers l'endroit marqué 8 , comme s'ils avoient peur de ce qu'ils apperçoivent , en tournant leur tête d'un côté & d'autre : j'en ay vû un dont le milieu du corps sembloit être resserré ou diminue de largeur.

Les poissons 9 , 9 , sont ceux que j'ay nommez Araignées aquatiques , ou Goulus , & dont je dois parler assez au long dans le Chapitre XXXII. de cette seconde Partie.

A l'égard de celuy qui est marqué 10 , il est le seul de son espece que j'aye vû dans l'infusion de paille de bled ; sa figure approche assez de celle d'une bourse , ou d'un pot au lait que nos laitieres portent sur leur tête : sa bouche qui est fort grande , & qui se voit ouverte , se ferme totalement lors qu'il s'allonge pour nager , de maniere qu'on perd de vûe ses deux cornes , que l'on voit courbées en dedans.

Au-dessous du chiffre 11 , on voit un poisson qu'on peut nommer la petite Solle.

12 & 14 , sont deux poissons de couleur d'eau , dont le mouvement étoit des plus lents & des plus difficiles à voir , à cause de leur petitesse , qui est environ mille fois au-dessous de celle d'un cheveu.

Enfin 13 est un poisson , ou plutôt un ver composé d'un grand nombre de tres-petits anneaux tournez spiralement , & dont les extrémitez sont terminées en pointes tres-longues & tres-fines. Le corps de ce ver est presque immobile , c'est pourquoy il est besoin d'une grande attention pour le suivre dans son allure ; & l'on a besoin d'un Microscope aussi parfait que l'est celuy dont je me sers pour cela.

Voilà tout ce qui est contenu dans cette huitiéme Planche. Et voicy maintenant l'explication de ce qui se voit representé dans la neuviéme.

Des Grenades aquatiques, couronnées & barbuës.

J'AY donné le nom de Grenades aquatiques, couronnées &
barbuës, aux poissons que nous avons représentez dans
cette Planche ; parce qu'ils m'ont paru avoir quelque ressemblance exterieure à ce fruit. Je commençay à les appercevoir
le matin du premier Juillet, dans une tres-petite goutte de
l'infusion de paille de bled, en me servant d'une lentille d'u-
ne ligne & demie de foyer.

Ces animaux me parurent d'une belle couleur d'ambre,
claire & transparente ; ce qui me donnoit le moyen d'observer toutes les parties interieures de ce poisson, que j'apperçois des plus brillantes que j'aye encore vûës. La diversité
des formes sous lesquelles ce poisson s'est fait voir, m'oblige
de dire quelque chose de chacune en particulier. Dans la
premiere figure on voit quatre petites éminences au-dessous
des lettres A B C D, garnies de poils, qui ne restent pas
long-tems dans cette situation : celle qui repond immediatement au-dessous de B, se joint à celle qui est marquée par A ;
& celle qui est au-dessous de C se joint à D, & si intimement,
que le tout paroît alors, ainsi que cela est vû en la deuxiéme
figure au-dessous des lettres A D. Ces éminences grossies,
forment les lévres écartées de la bouche de ce poisson, dont
le jeu des poils, que l'on voit mouvoir d'une maniere assez
uniforme, oblige tous les petits corps, qui sont à peu de distance de ces lévres, d'entrer dans sa bouche, & d'où la plûpart sont repoussez avec autant de vîtesse, qu'ils en avoient
eu pour y entrer.

Toutes les éminences marquées A B C D, de la premiere
figure, ou les deux de la seconde, se retirant quelque peu
vers E, découvrent une espece de couronne à quatre pointes, semblable à ce qui paroît au-dessous du chiffre 3 ; mais
cette couronne se voit bien-tôt recouverte des mêmes éminences A B C D, qui sont tres-mobiles.

On apperçoit un corps en E, dans chacune de ces figures, que je crois être le cœur du poisson ; parce qu'il paroît
toujours dans un mouvement égal, & qu'on y remarque,

comme au nôtre, un syftole & un diaftole. Ce cœur a une liaifon tres-étroite avec le corps marqué F, qui eft plus gros que luy, & qui peuvent paffer pour les inteftins de cet infecte, qui font toujours dans un mouvement qui me paroît affez regulier : & il faut obferver que cette mutuelle correfpondance qui eft entre le cœur & le vifcere F, vient de ce qu'il y a deux filets de nefs, ou deux petits ligamens en G, qui vont de l'un à l'autre, comme on le peut remarquer avec un peu d'attention.

Le cœur femble être divifé en deux lobes, que l'on apperçoit s'écarter & fe rapprocher l'un de l'autre, en de certains tems; ce qui pourroit bien donner occafion de penfer que ce font les poulmons de ce poiffon qui environnent fon cœur; & c'eft ce que je laiffe à deviner aux fameux Medecins, & à nos plus illuftres Anatomiftes.

Le derriere de ce poiffon paroît rond & fermé en de certains momens, & ouvert en d'autres; & alors on apperçoit deux petites éminences pointuës, comme on voit en H de la premiere figure.

J'en ay vû un feul, repréfenté en la quatriéme Figure, qui avoit quatre de ces petites éminences aiguës, placées deux d'un côte de l'anus, & deux de l'autre.

C'eft par cette ouverture que l'on voit fortir & rentrer, avec beaucoup de vîteffe, une longue queuë i I, qui eft beaucoup plus groffe vers la racine i, qu'elle n'eft ailleurs. L'extrémité L de la queuë de quelques-uns de ces poiffons, paroît fourchuë : cette queuë eft fi blanche & fi tranfparente, qu'on en peut tres-facilement découvrir la méchanique, & expliquer tous les mouvemens qu'on y remarque, avec autant de facilité qu'un bon Anatomifte en a pour expliquer tous ceux que nous faifons faire volontairement à la plûpart des parties qui compofent notre corps. Cette queuë qui eft tres-mobile rentre totalement dans le corps de ce poiffon; de maniere qu'y étant, les inteftins qui font en F la cachent entierement; d'ailleurs les petits anneaux qui la compofent rentrant les uns dans les autres, ne permettent pas un libre paffage à la lumiere; ce qui fait qu'elle n'eft plus vifible.

On voit de gros œufs attachez au derriere de cet animal,

par le moyen de quelques filets presque imperceptibles : il y a de ces femelles qui n'en portent qu'un, il y en a qui en portent deux, & quelques-unes jusqu'à six, ce qui est assez rare ; & lorsqu'on y en voit tant, ils sont plus petits que quand il y en a moins.

La queuë de ce poisson frotte ces œufs à l'entrée & à la sortie de son corps, tournant de côté & d'autre avec beaucoup de souplesse : ces œufs paroissent tres-réguliers, & bien brillans pendant qu'ils sont pleins ; mais dés qu'ils sont vuides, on les voit tout plats & sans rides, sous une forme ovale, plus transparens qu'ils ne l'étoient étant pleins ; & quoyque vuides, les meres les portent presque toujours attachez en croupe, & en nageant, comme elles les portoient auparavant : j'en ay vû un seul separé du corps de ce poisson, flotant dans la petite goutte d'eau mise en experience sur le porte-objet du Microscope : cet œuf paroissoit immobile de même que tout ce qui étoit au-dedans. J'ay aussi vû deux de ces œufs dans le corps d'un de ces poissons, qui paroissoient comme on les voit au-dessous des lettres G G, Fig. 6.

Ces poissons sont tres-réjoüissans à voir, particulierement quand ils font des culbutes, parce qu'ils les executent avec beaucoup d'adresse. Il s'en voit quelques-uns qui tournent circulairement, tantôt d'un côté & tantôt d'un autre, à l'entour du point F, qui est le centre de pesanteur de l'animal.

Dés que la liqueur est mise sur le porte-objet du Microscope, on les voit nager tres-librement en avant ; quelques-uns s'arrêtent ensuite, & c'est dans ce moment qu'ils donnent le tems de bien observer toutes les circonstances dont nous parlons.

Ils se frottent quelquefois l'un contre l'autre ; ils se détournent sans se choquer, & on les voit éviter tout ce qui s'oppose à leur chemin d'une maniere si adroite, que bien qu'on ne voye pas leurs yeux, on ne peut pas douter qu'ils n'en soient munis, & de tres-bons.

De tems en tems ils appuyent le bout de leur queuë sur le porte-objet du Microscope, & dés ce moment-là on voit qu'ils avancent tout le corps au-delà de ce point ; qu'ils l'en approchent ensuite & l'en éloignent ; puis ils reprennent leur allure ordinaire en nageant, sans qu'on puisse remarquer aucune patte ni aucune nageoire autour de leur corps.

Le 22. Juillet j'apperçus, dans une goutte de l'infusion dont je viens de parler, une chenille aquatique ; & j'ay remarqué que les Grenades aquatiques dont je finis icy l'histoire, soutiennent mieux les grandes chaleurs qu'aucun des plus gros poissons que j'aye cy-devant observé dans les infusions precedentes ; puisque pour l'ordinaire les gros meurent dans ce tems-là plutôt que les petits, ce qui n'est point encore arrivé à ceux de cette infusion, où je viens d'en voir jusqu'à quatre dans une tres-petite goutte, quoyque la chaleur soit fort grande ce jour 28. Juillet.

CHAPITRE XXXI.

De la paille d'orge, de celle du ségle, de celle d'avoine, &
du bled de Turquie ; chacune de ces choses mise séparément
en infusion dans de l'eau commune.

JE n'ay pas rapporté dans le Chapitre précedent tout ce que j'ay vû dans les differentes infusions que j'ay faites de la paille de bled ; je me suis contenté de dire ce que j'y ay découvert de plus remarquable, m'étant reservé d'avertir dans celuy-cy, que l'air contient dans une saison ce qu'il ne contient pas dans une autre ; & que les animaux qui regnent dans un même lieu durant une année entiere, sont souvent differens de ceux qui s'y voyent dans un autre. Ce sont ces varietez qui occupent agréablement les personnes qui se donnent la peine de continuer leurs observations, & même d'en faire en differens lieux, considerablement éloignez l'un de l'autre. Par ces diverses experiences on s'éclaircira de plusieurs faits, & l'on ne sera pas surpris si l'on ne découvre pas toujours les mêmes choses dont je parle, ni pourquoy on en découvrira d'autres dans une semblable infusion dont je n'ay rien dit, parce que les nouveaux insectes qu'on y aura apperçûs me seront échapez, ou peut-être à cause que durant la faison que j'avois prise pour faire cette experience, il ne s'y en trouva point de la même espece.

J'ay remarqué, par exemple, dans toute l'année 1714, & dans une partie de 1715, un grand nombre de grosses araignées & de chenilles aquatiques, dans sept ou huit infusions differentes; ce qui ne m'étoit pas encore arrivé.

Les differentes infusions à froid de paille d'orge, d'avoine, de fégle, & d'eau commune, faites féparement dans des vaisseaux bien nets, nous ont fournies de tres-beaux poissons, de même que deux autres infusions de bled de Turquie faites en divers tems.

CHAPITRE XXXII.

De l'écorce de bois de chêne qui porte le gland, mise en infusion dans de l'eau commune.

ENviron le quinze Decembre de l'année 1714, je mis infuser à froid de l'écorce de bois de chêne dans de l'eau commune, dont je remplis un grand verre à boire, & durant l'espace de plus d'un an j'y apperçûs successivement tous les poissons representez dans cette Planche, à chacun desquels j'ay donné un nom particulier; de sorte que j'ay jugé à propos de nommer le premier, la Tortuë, ou le poisson à la queuë umbilicale : cet insecte s'allonge & se raccourcit tres-facilement; il prend de tems en tems une figure ronde qu'il ne conserve qu'un moment : on luy voit quelquefois ouvrir la bouche d'une grandeur surprenante, par rapport à la grosseur de son corps; & ses lévres, qui forment à peu prés la circonference d'un cercle, sont garnies de petits poils, dont le jeu fait plaisir à voir, à cause que ce mouvement particulier oblige une partie des petits corps, qui se trouvent correspondre vis-à-vis de luy, d'aller se précipiter dans son estomac, où vray-semblablement la partie qui doit servir à le nourrir, demeure; tandis que le reste est vû s'en éloigner avec vitesse. Son allure est des plus singuliere que l'on puisse

voir ; vous en jugerez vous-même par ce que j'en vais dire :
sa queuë que l'on voit attachée à son corps, à peu prés comme le cordon l'est au nombril d'un enfant qui vient de naître, luy sert comme d'un gouvernail pour luy procurer presque tous les mouvemens qu'on luy voit faire. Cette queuë
est fort grosse vers sa racine, & bien aiguë par son autre extrémité, où elle se divise en deux parties encore plus aiguës,
qui se joignent si exactement, qu'il semble aprés cela ne faire
plus qu'un tout sans aucune séparation.

Il arrive quelquefois que ce poisson attache les bouts écartez de cette queuë sur le porte-objet du Microscope ; & sur
ce lieu-là il tourne tout son corps, en presentant aux yeux du
Spectateur tantôt son dos qui est convexe, comme le dessus
de l'écaille d'une tortuë, & tantôt son ventre qui paroît concave, comme le dessous de la même écaille.

Et il faut remarquer que l'extrémité d'en-bas de ce poisson est si transparente, que sa queuë est également vûë, comme sortant de sa partie convexe ou de la concave.

La seconde figure est un autre poisson à la queuë umbilicale, qui ne diffère du premier qu'en ce qu'il a la bouche fermée, & que sa queuë paroît n'avoir aucune séparation.

Et la troisième represente encore un autre poisson de la
même espece que le précedent, quoyque sous une forme un
peu differente. Ce poisson paroît ainsi à cause qu'il retire en
arriere la partie superieure de sa tête qui est double, & dont
les deux avances, en forme de cornes, étoient entierement
couvertes.

Le quatriéme poisson sera nommé le rat d'eau, à cause de
quelque ressemblance qu'il a avec cet animal : sa tête paroît
fort bien marquée, & les lévres garnies de longs poils, dont
le mouvement produit le même effet que plusieurs autres,
dont on a parlé plus haut.

Le cinquiéme poisson sera nommé la patte d'écrevisse, à
cause des deux becs recourbez qu'on luy voit, dont le mouvement est tres-lent, de même que l'est celuy de tout son
corps, qui fait tres-peu de chemin en bien du temps ; ce
qui facilite le moyen de l'observer exactement, & de remarquer dans presque toute la longueur de son corps un assez

bon nombre de petits globules dorez & brillans.

Le sixiéme poisson ayant à peu prés la figure d'une massuë, sera ainsi nommé : sa tête est fort grosse par rapport au reste de son corps qui se termine en pointe : le dedans de son corps est semé de petits grains transparens & opaques, qui se font voir diversement selon la maniere dont ils renvoyent la lumiere qu'ils ont reçûë.

Je nommeray celuy qui est marqué 7 , la féve de vers à soye ; parce que le corps de ce poisson est composé de plusieurs anneaux , & de plusieurs fibres longitudinales, qui servent à le faire allonger & à le raccourcir avec beaucoup de facilité. La figure de sa tête paroît peu differente de celle de sa queuë , & on ne la distingue guére que par son nager.

Le huitiéme poisson sera nommé Spheroïde , à cause qu'il ressemble exterieurement à un œuf, dont les bouts sont égaux & bien arrondis.

Sa tête est vûë en haut , & un peu au-dessous on y voit un petit corps qui se meut tres-régulierement , ce qui me fait penser que ce pourroit bien être le cœur de ce poisson ; & plus bas on apperçoit plusieurs petits corps ronds & de diverses grosseurs , qui sont peut-être des œufs, que l'on voit agitez par les divers mouvemens du poisson, qui s'allonge & se raccourcit , qui se plie & déplie diversement en nageant.

Lorsqu'on donne quelque attention à considerer le grand nombre d'œufs que l'on voit dans le corps de ces poissons , l'on n'est pas surpris d'un autre nombre prodigieux de ces animaux, qui se voit dans la moindre goutte que l'on puisse prendre de cette infusion , & l'on cesse par-là d'admirer cette multitude étonnante qui paroît & qui disparoît en peu de tems ; puisque l'on cesse d'en voir de cette nature au bout d'environ huit jours , & qu'en leur place il s'en presente de nouveaux aux yeux des spectateurs attentifs , qui n'en sont pas moins touchez qu'ils l'ont été des precedens.

En voicy de plusieurs sortes qu'on peut nommer anguilles, qui different entr'elles , & qui different encore de celles du vinaigre ; en sorte que l'on pourra inferer de là que ce sont des poissons d'un même genre, & de differentes especes.

Celle qui se voit representée au-dessous du chiffre 9 , m'a

paru

paru blanche & transparente, quoyque presque toute la longueur de son corps fut parsemée d'un grand nombre de petits grains brillans.

Sa grosseur étoit bien considerable, par rapport à sa longueur, qui paroissoit n'avoir au plus que deux pouces ; & la grande vîtesse de son mouvement, qui ne luy faisoit parcourir que tres-peu d'espace en assez de tems, marque bien en quoy celle-cy differe des autres.

J'en ay vû deux d'une même espece dans la seconde infusion que j'ay faite d'une semblable écorce, qui appuyoient de tems en tems l'extrémité de leurs queuës sur le porte-objet du Microscope, & qui faisoient autour de ces points fixes plusieurs mouvemens assez agréables à observer. La longueur apparente de chacune de ces anguilles étoit d'environ deux pouces, & la grosseur à peu pres comme celle du tuyau d'une plume de corbeau.

Au-dessous du chiffre 10. il s'en voit une autre, dont la longueur apparente étoit d'environ cent lignes, & sa grosseur dans l'endroit le plus épais de tout son corps, pouvoit être de quatre lignes de diametre.

Sa bouche, qu'elle ouvroit de tems en tems, paroissoit ronde, & toute la longueur de son corps étoit munie d'un bon nombre de filets tres-menus qui ne se faisoient pas voir à tous momens ; & au lieu de ces filets on découvroit dans d'autres tems une ligne spirale qui occupoit une étenduë considerable de la longueur de son corps ; ce qui suffit pour expliquer le mouvement de cette grosse anguille, qui étoit assez lent pour donner le tems de l'observer agréablement à la lumiere d'une chandelle, & de voir une belle varieté de couleurs dans l'étenduë d'une partie de la longueur de son corps, & particulierement un rouge tres-vif tirant sur le pourpre : mais lorsque cet animal venoit à se raccourcir, en rapprochant l'un de l'autre tous les contours spiraux du filet dont je viens de parler ; toute cette varieté admirable de couleurs s'effaçoit, & dans ce moment le tout devenoit brun.

Au-dessous du nombre 11, on y voit une autre anguille d'une grande vivacité, qui plie, déplie & replie tout son corps en arc, se débandant d'un sens tout contraire au prenier , pour reprendre subitement la courbure qu'elle avoit auparavant , continuant ainsi ce manége sans changer que tres-peu de place , n'en occupant qu'autant qu'il luy en falloit pour executer ses courbures.

Le nombre 12. represente une grosse anguille morte depuis peu de tems ; je l'observay le 9. Mars 1715. à la lumiere d'une chandelle : sa longueur me parut d'environ six pouces, & sa plus grande épaisseur étoit d'environ trois lignes. Ce fut comme par hazard que je découvris vers sa queuë une petite anguille d'environ deux pouces apparens de longueur , qui se tremoussoit beaucoup pour sortir du ventre de sa mere ; mais n'en poüvant venir à bout, elle y mourut enfin. Cette observation semble suffire , pour nous assurer que les œufs de ces anguilles sont couvez au-dedans du corps des meres, & qu'il n'est pas facile de parvenir à de semblables découvertes , à cause de la vîtesse du nager de ces poissons ; cependant voicy un moyen sûr pour y arriver ; car il n'y a pour cela qu'à attendre que la petite goutte de vinaigre soit presque toute évaporée , afin que la lenteur du mouvement des anguilles facilite la découverte de ce qu'elles contiennent.

Ces observations étant faites à la lumiere d'une chandelle, la distinction de l'objet en sera plus belle qu'elle ne seroit à celle du jour ; parce que pouvant s'appuyer sur une table , le Microscope en sera tenu plus ferme , & d'ailleurs on reçoit moins de faux rayons de lumiere , que si l'on observoit ces mêmes choses à celle du jour.

Par ce moyen nous eûmes le plaisir d'observer dans la suite deux anguilles , durant prés de deux heures , parcourant une étenduë interieure du corps d'une même mere , où elles alloient de la queuë vers la tête , puis revenant de-là vers la queuë.

Le 11ᵉ. poisson ayant quelque ressemblance avec la navette d'un Tisserand , on luy pourra donner ce nom : son nager s'execute également , soit en avançant soit en reculant : lors qu'il s'est allongé on le juge avoir à peu prés deux pouces de longueur , & environ quatre lignes de grosseur , prises vers le milieu de son corps , où l'on voit d'autres petits corpuscules qui semblent être des œufs.

Les extrémitez de ce poisson se courbent différemment, de sorte qu'elles semblent luy servir de gouvernail, & en même tems de nageoires.

Le 14e. poisson peut être nommé le bec de Corbin, par rapport à la courbure de sa tête, qui se termine en pointe : l'autre extrémité de son corps est grosse & arrondie en forme d'une larme : on voit de longs poils sous la gorge de ce poisson qui luy servent de nageoires, en sorte qu'en les remuant la résistance du liquide où il nage le fait tourner du côté de son dos.

Le 15e poisson sera nommé la petite Araignée aquatique : la figure de ce poisson est semblable à un sphéroïde, sur lequel on remarque plusieurs lignes brunes & paralleles entr'elles, qui s'étendent du sens du plus grand diametre de ce poisson ; & entre ces lignes paralleles on y voit plusieurs corpuscules plus bruns que le reste de son corps.

J'ay aussi remarqué que les pattes du devant de sa tête étoient plus longues que celles qui sont au bout opposé, & que celles du milieu de l'une & l'autre extrémité de tout son corps sont plus longues que celles qui sont à côté.

Le 16e ressemblant à une larme, sera nommé de ce nom : son corps est uniforme & transparent, de maniere qu'on n'y remarque aucune inégalité sensible : son col est long & un peu courbé ; & sa tête qui va diminuant de grosseur, se termine par une petite rondeur.

Le 17e poisson sera nommé Limas : sa tête est ronde, & sa queuë aiguë : le reste de son corps est assez gros par rapport à sa longueur, qui devient plus courte dans son allure qui paroît assez réguliere.

Le 18e poisson a été nommé Chenille aquatique : il s'en trouve de diverses especes dans plusieurs infusions de plantes toutes differentes ; & j'ay remarqué en quelques-unes que les poils que nous avons dit ailleurs être comme plantez aux deux lévres de cette chenille, semblent tourner dans de certains momens, comme une molette d'éperon tourneroit en luy donnant un coup de doigt ; & c'est ce mouvement qui détermine une partie des corps qui sont d'une certaine grosseur à se précipiter dans sa bouche, d'où ils sont ensuite chassez en partie, avec autant de vitesse qu'ils en avoient eu pour y arriver.

J'ay de plus observé deux petits corps cilindriques, longs d'environ une ligne chacun, & d'un peu moins de grosseur, placez l'un à droit & l'autre à gauche du corps de cette chenille, & immédiatement à côté de son cœur : ces corps servent d'appuy à la partie anterieure de l'animal, pour luy donner la facilité d'avancer dans le tems qu'il rampe sur le porte-objet du Microscope.

On a bien de la peine à découvrir ces sortes de petites pattes, à cause qu'elles sont tres-courtes, & qu'elles sont presque toujours sous le corps de cette chenille, ne les en écartant que tres-rarement.

Le 19ᵉ poisson sera nommé la grosse Araignée aquatique : sa figure approche de celle d'un ovale ; & sa bouche un peu enfoncée semble quelquefois fenduë jusque vers le milieu de son corps. Ses levres sont garnies de petits poils en mouvement, dont la vîtesse semble se communiquer interieurement à un petit corps qui est peut-être le cœur, & les poulmons de ce poisson qui l'environnent.

Le derriere est aussi garni de poils, qui semblent former une espece de queuë ; & l'on voit immédiatement au-dessus de l'anus, un amas brun de matiere que je crois être les excremens de ce poisson, qui se nourrit d'autres plus petits poissons, que nous avons appellez Cornemuses, & qui paroissent se mouvoir dans leurs corps durant quelque tems.

Le reste du corps de ces araignées est d'ordinaire rempli de plusieurs petits corpuscules assez irréguliers, qui peuvent passer pour des œufs.

On découvre aussi de ces especes de poissons dans les infusions que l'on prépare avec de la paille de froment, de celle d'orge mêlée de quelques épis ; dans celle que l'on fait avec du bled de Turquie ; dans la canne d'Inde ; dans celle du bois & de l'écorce d'acacias ; dans celle du poivre en grains, &c. Toutes ces araignées, qui different les unes des autres en quelque chose, ont du poil tout autour de leurs corps, couché un peu obliquement de la tête vers la queuë, ce qu'on peut facilement observer avec une lentille de Microscope d'une ligne ou environ de foyer.

Le 20ᵉ poisson sera nommé, le poisson à la grande gueu-

le ; parce que sa bouche occupe environ la moitié de toute
la longueur de son corps : sa lévre superieure surpasse de
beaucoup en longueur celle de l'inferieure ; l'une & l'autre
sont garnies de petits poils , & tout le dedans de son corps
est rempli de petits corpuscules d'inégale transparence : enfin le derriere de ce poisson est terminé par une queuë assez
singuliere , & dont le mouvement est peu sensible.

Le 21e poisson sera nommé l'Antonnoir , parce que sa figure la plus constante luy ressemble : on le voit paroître icy
sous trois formes differentes ; dans celle du milieu on apperçoit sa bouche ouverte & ronde ; ses lévres sont interieurement garnies de petits poils qui se mouvent tres-vîte : son
corps est semé au-dedans de plusieurs petits corps tres-irré-
guliers : sa queuë, qui est fort longue , traîne souvent aprés
elle une petite pellicule attachée à son extrémité : on en voit
un second à gauche qui a la bouche fermée , & un troisiéme
du côté droit dont le corps est plus rond : sa queuë forme
dans de certains tems une espece de tire-boure , qui ne demeure pas long-tems dans cet état ; car la tête de ce poisson
s'éloignant de son extrémité , les spires qui paroissent au milieu se redressent.

Le 22e poisson , qui a la tête faite en trefle , & la queuë
fourchuë , sera nommé le Poisson à la tête treflée , & au derriere fourchu : sa bouche est tres-petite & bien ronde : la
moitié de son corps , qui est du côté de la tête , semble donner le mouvement à tout le reste qui paroît immobile : cette
partie qui est du côté de la tête est plus transparente que
l'autre , & on l'a vû se plier tres-facilement en tous sens.

Le 23e poisson representé en A B , sera nommé Chausson ,
parce qu'il en a la figure , & que la courbure A C , peut passer pour l'entrée du chausson : le dedans du corps de ce poisson est muni de plusieurs corpuscules tres-transparens , que
l'on croit être des œufs.

Dans le tems que je me proposois de supprimer totalement cette infusion , je m'avisay d'en mettre une tres-petite goutte sur le porte-objet de mon Microscope , croyant
que ce seroit la derniere fois que j'examinerois cette liqueur,
mais en l'y regardant je fus tout étonné d'y voir un prodige Planche II.

des plus singulier que j'aye observé dans toutes les infusions precedentes.

C'étoit une espece particuliere de chenille aquatique, & des plus rares, n'en ayant pû voir que sept ou huit en diverses reprises, durant trois jours seulement ; ce qui a suffi pour en faire des desseins qui occupent une Planche entiere, dans laquelle Monsieur de Vigneux l'a representée en huit formes, differentes en quelque chose l'une de l'autre, ainsi que nous l'avons vûë.

A B, est l'une des representations de cette espece de chenille aquatique, où l'on voit que son corps est composé de plusieurs anneaux en forme de bourlets, qui rentrent les uns dans les autres, en s'approchant du milieu marqué C.

Planche 11.

Ce qu'il y a de plus singulier dans ce nouveau poisson, est qu'on voit sortir de sa bouche une espece de trompe, composée de plusieurs pieces engaînées l'une dans l'autre, qui se découvent en A, D, H, N, R, Y, et &.

L'extrémité de cette trompe se voit percée en D, en H, en N, en Y, et en &, où elle est toute ronde : elle est refenduë en deux parties en R, & en trois en A, où elles forment deux ou trois petites éminences : en L L, on apperçoit deux lévres garnies de poils tres-mobiles ; & en T T, on n'y voit aucun poil apparent.

Pendant que nous observions toutes ces choses, nous apperçûmes tout d'un coup sortir du milieu de la poitrine de cet animal une espece de corne, representée en F & en P, dont la longueur nous parut composée de trois especes de falanges d'inégales grosseur, qui rentroient l'une dans l'autre, comme font les tuyaux d'une lunette d'approche que l'on veut raccourcir ; & cette corne mouvante décrivoit par l'une de ses extrémitez F, P, un arc de cercle, en passant tantôt de droit à gauche, & tantôt de gauche à droit ; aprés quoy elle disparoissoit entierement.

Nous vîmes au derriere de ce poisson deux pointes tres-aiguës, comme on les a marquees en B, en E, en O, en S, en Z, & en †. Et lorsque cet animal donne à sa queuë une certaine situation particuliere, il en découvre jusqu'à trois, ainsi qu'on les peut voir representées en I.

Entre R S, on apperçoit cette chenille de toute sa longueur; & en V, Y et &, elle y est vûë plus ou moins rac-
courcie.

CHAPITRE XXXIII.

*Suite des Observations faites sur la même écorce de bois de
chêne, qui étoit venu flottant sur l'eau depuis
Montargis jusqu'à Paris.*

EN supprimant l'infusion précedente, je conservay une Planche 11.
partie de l'écorce, que je fis bien secher au feu; &
l'ayant remise en infusion dans un vaisseau de fayence bien
net, avec de l'eau de la Seine, j'apperçûs en diverses fois,
& durant l'espace d'environ deux mois, les nouveaux poissons marquez 1, 2 & 3.

J'ay nommé Gland cornu, le premier de ces poissons, à
cause que sa figure approche assez de celle de ce fruit : sa
tête que l'on voit en haut est ornée de deux especes de cornes, longues, roides, blanches & transparentes, aussi-bien
que le reste de son corps, dans lequel on n'apperçoit aucun
viscere, ni aucune tache, le tout etant parfaitement egal,
& l'animal dans un mouvement tres-lent.

Le second, que je nommeray le Piroüetteur concave &
convexe, a son mouvement circulaire : toute sa partie convexe est garnie d'une seule rangée de poils, plus longs vers
la queuë qu'ils ne sont ailleurs : le mouvement de ces poils
est si rapide & si particulier, qu'il fait tourner circulairement
ce poisson, avec tant de vîtesse, que les autres n'en sçauroient approcher durant son piroüettement, qui dure assez
long-tems.

Enfin le troisiéme poisson sera nommé Volute, à cause
qu'il est tourné spiralement, de même que le ressort qui est
renfermé dans le barillet d'une montre de poche : tout son
corps est attaché à une membrane tres-fine, blanche & transparente, se terminant en pointe du côté de la tête, & se

mouvant circulairement avec affez de lenteur , dont la raifon eft affez évidente pour n'avoir pas befoin d'être expliquée.

CHAPITRE XXXIV.

Des nouveaux poiffons trouvez dans une infufion d'écorce de bois de chéne neuf.

ENviron le 25. Decembre de l'année 1716 , je mis infufer à froid, dans de l'eau de riviere , plufieurs petits morceaux d'une écorce tres-épaiffe d'une groffe bûche de bois de chêne neuf, environ deux heures après j'y apperçûs de petits poiffons, que j'ay nommez Cornemufes argentées : & le 15. Janvier 1717. je commençay à voir dans une trespetite goutte de cette eau cinq ou fix nouveaux poiffons d'un même genre , qui me parurent affez confiderables pour meriter une place dans cette Hiftoire , tant à caufe de leur couleur, de leur groffeur, figures & mouvemens differens ; qu'à caufe qu'ils font les feuls de cette nature , que j'aye apperçûs durant tout le cours de mes obfervations.

Pour écrire l'hiftoire anatomique de ce poiffon , j'ay fait ce que j'ay pû pour trouver un nom qui luy convint ; mais ni moy ni ceux à qui je l'ay fait voir , n'ont pû y réüffir ; la raifon en eft, que cet infecte ne conferve pas durant une minute la même figure fous laquelle il paroiffoit un peu auparavant ; de forte qu'en tres-peu de tems on le voit fous toutes les diverfes formes reprefentées en cette Planche : cependant le defir d'étre , pour ainfi dire, le parrein d'un petit animal auffi rare que l'eft celuy-cy , & auffi curieux à voir pendant fon nager, a fait que plufieurs perfonnes fe font efforcées de le nommer ; mais parce que les uns l'ont apperçûs d'une forme particuliere , les autres d'une autre , cela luy a fait donner le nom de Chenille ; celuy de Chauffe ou de Chauffette , de Guêtre , ou d'Elegant : de Naffe ; de poiffon à deux têtes : de Cornet à bouquin ; & enfin de Rognon.

Ceux

Ceux qui l'ont vû fous la forme reprefentée en A , l'ont appellé Chenille dorée , à caufe de la reſſemblance qu'il peut avoir avec cet animal , & de fa couleur d'ambre jaune. On voit dans fon corps des fibres longitudinales qui s'étendent d'un bout à l'autre , entre lefquelles on apperçoit de petits corpufcules aſſez irréguliers , & d'inégale groſſeur , qui font peut-être les œufs de cette chenille aquatique.

On en voit une autre en B , qui a été nommée Chauſſette ou Guêtre , dans l'une des extrémitez de laquelle j'avois bien de la peine à déterminer l'endroit où pouvoit être la tête : cependant comme ce poiſſon faiſoit fouvent voir en C , une grande ouverture qui changeoit à tout moment de forme ; je crus devoir prendre cette partie-là pour la bouche de ce poiſſon , dont les levres étoient quelquefois ſi étenduës & ſi mobiles , qu'elles pouvoient luy fervir comme d'un gouvernail pour fe conduire en partie dans fa progreſſion ; je dis en partie , parce que comme il paroît avancer & reculer également bien , & fe tourner & retourner en fe pliant & repliant de toutes les manieres imaginables ; cet infecte doit avoir en luy de quoy fatisfaire à tous ces divers mouvemens.

On remarque à l'entour de fon corps de tres-petits poils , des plus déliez qu'on puiſſe voir , & dont le mouvement m'a paru peu fenſible , à caufe de leur grande délicateſſe , qui ne permettoit pas d'en bien faire voir le jeu.

Un autre qui fe voit en D , aſſez raccourci , gonflé , plié & replié , a été nommé Cornet-à-bouquin , à caufe de la forme particuliere qu'il a pris pour un moment.

Celuy qui eſt reprefenté en E , s'eſt fait voir fous la forme d'une Naſſe , qui eſt un inſtrument fait d'ozier , dont on fe fert pour prendre des poiſſons.

F G H , eſt un autre poiſſon , dont la partie G H reſſemble à une jambe mal faite : le milieu de fon corps paroît comme s'il étoit noüé d'une ligature inviſible.

Au-deſſous de la lettre I , il y en a un autre qui paroît d'une grandeur extraordinaire , par rapport aux précedens : on y apperçoit la forme d'un pied , d'une jambe & d'une cuiſſe caſſée : je l'ay nommé Bouffon , à caufe qu'il femble fe plaire dans fes divers changemens , qui s'executent avec tant de vîtesse , qu'on a eu de la peine d'en fixer une seule attitude.

Celuy qui se voit au-dessous de la lettre K , peut être appellé la Massuë ; parce que sa bouche qui est en bas est totalement fermée , & que son corps est assez étendu & gonflé
dans son milieu pour recevoir ce nom. On voit ses œufs que
l'on y a représentez par quelques petits globules un peu irréguliers.

Au-dessous de l'endroit marqué L , il s'en voit un autre ,
tellement courbé , que ressemblant à une saucisse pliée en
deux , on luy a donné ce nom.

Au-dessous des lettres M , M , on y voit deux de ces poissons morts subitement , y paroissant sous une forme qui approche assez de celle d'un Rognon , & qui ne sont vûs ainsi ,
qu'à cause qu'ils ont été saisis dans cet état au moment de
l'évaporation totale de la liqueur où on les avoit vûs se traîner un peu avant leur mort.

Dans l'instant que ces sortes d'animaux cessent de vivre ,
on les voit devenir blancs & transparens , de jaune pâle qu'ils
étoient auparavant : la raison en est évidente , puis qu'elle
est la même que celle des liqueurs qui paroissent colorées ,
étant en gros volume , & qui cessent de le paroître lorsqu'elles se trouvent en petite quantité dans des vaisseaux de verre
de peu d'épaisseur.

N , est encore un poisson de même genre , qui pour la
ressemblance qu'il a avec une racine appellée Carotte , sera
nommé de ce nom.

Il s'en voit un autre en O , que j'ay nommé l'Elegant , à
cause qu'il m'a paru nager avec tant de grace , & se transporter d'une maniere si grave & si majestueuse durant ses
divers changemens , que je n'ay pû luy refuser ce nom.

P , Q , R , S , T , V , et X , sont encore des poissons de
même nature , vûs immédiatement aprés leur mort , sous
toutes les diverses formes exprimées au-dessous de ces mêmes lettres.

Enfin sous la lettre Y , on y voit un poisson d'un autre
genre , dont la forme approche assez d'une espece de bouteille , pour luy donner ce nom , & qui en nageant parmi les
précedens , comme parmi un grand nombre d'autres , dont

je ne diray rien, faiſoit rentrer pour un moment l'extrémité de ſon col en dedans.

Le froid s'étant augmenté conſiderablement, peu de jours aprés la naiſſance de ces gros inſectes, & le vent du Nord s'étant fait ſentir de plus en plus dans l'endroit où je demeu-re, le nombre de ces poiſſons eſt diminué peu à peu ; de ſorte qu'au bout d'environ quinze jours j'ay ceſſé d'en tirer de cette infuſion.

CHAPITRE XXXV.

Diſſertation ſur la maniere dont on apperçoit les objets qui ſont vûs au travers des Microſcopes, & des Lunettes d'approche.

LEs ſentimens des Philoſophes ſe trouvant partagez ſur la maniere dont nous appercevons les objets quand nous les regardons au travers des Microſcopes & des Lunet-tes d'approche ; j'ay crû qu'étant muni d'un nombre ſuffiſant de ces machines, je pourrois par diverſes experiences par-venir à connoître aſſez exactement la matiere en conteſta-tion, & donner par-là les moyens de décider en faveur des uns ou des autres.

Pour nous conduire avec quelque ordre dans la recherche que nous voulons faire, il eſt, ce me ſemble, néceſſaire de bien faire comprendre de quoy il s'agit : pour cet effet, je diray premierement qu'en diſcourant un jour avec M^r * * * ſur la differente maniere de voir les objets differemment po-ſez dans les Microſcopes ; il remarquoit que dans ceux qui ſont montez d'une ſeule lentille d'un court foyer, l'objet étoit toujours placé entre la lumiere & l'œil ; & que dans les autres Microſcopes montez de deux ou de trois verres, l'ob-jet y étoit ordinairement ſitué un peu au-delà, ou au-deſſous de la lumiere qu'il recevoit pour être renvoyée à l'œil du Spectateur.

Ces obſervations étant ſuppoſées, nous convînmes encore

que les objets opaques étoient vûs par refléxion dans les Microscopes à deux & à trois verres, en les y regardant de haut
en bas. Mais on ne peut pas accorder à Monsieur * * * que
dans les Microscopes à liqueurs on y apperçoive les objets
transparens par les rayons de lumiere qui passent des pores
de ces corps sur la retine, où faisant diverses impressions ils
donnent occasion à l'ame de les appercevoir.

Il faut avoüer que cette maniere d'expliquer l'apparence
des objets transparens, qui sont vûs dans les Microscopes à
liqueurs, est tres-simple ; cependant il n'est pas difficile d'en
démontrer la faussete, en prouvant que la lumiere agit dans
ce dernier Microscope de même que dans le premier ; c'est-
à-dire, qu'elle y fait encore voir les objets par refléxion ;
mais d'une maniere un peu plus composée : & que quand
nous recevons des rayons qui viennent à nos yeux sans s'être
refléchis, apres avoir traversé les pores des corps transparens, & des rayons refléchis tout ensemble, le corps d'où ils
étoient partis nous en paroissoit à la verité plus clair, mais
toujours avec moins de distinction qu'il n'auroit paru, si nous
n'eussions point receu de rayons, qui n'auroient simplement
fait que traverser les pores des corps transparens. Et pour
ne pas confondre les idées differentes que j'avois à l'occasion
des mots de clair & de distinct, je les définis en cette sorte,
afin d'éviter les contestations qui pourroient naître, en les
emploſant cy-aprés dans mes preuves, sans avoir pris cette
précaution.

Je dis donc qu'un objet paroît seulement clair, lorsqu'il
envoye beaucoup de lumiere dans nos yeux. Qu'un objet paroît distinct, lorsque tous ses points exterieurs envoyent une
quantité suffisante de rayons, qui s'assemblent séparément
en autant de divers points de la retine, qu'il y en a dans
l'objet.

Et qu'un objet paroît en même tems clair & distinct, lors
que chaque point de sa superficie refléchit dans l'œil le plus
de rayons de lumiere qu'il est possible ; & que les rayons qui
partent de tous ces points de l'objet, se réünissent en autant
de divers points de la retine qui leur répondent.

Cela supposé, je passſay aux preuves & aux experiences

qui suivent, en faisant premierement comprendre que les rayons de lumiere qui ont simplement traversé les pores des corps transparens, ne sont pas ceux qui nous font appercevoir ces corps ; puisque de tels rayons ne peuvent nous faire sentir que ce qu'ils rencontrent en leur chemin, & que ne rencontrant que la matiere subtile contenuë dans ces pores, laquelle ne nous est nullement sensible, il s'ensuit qu'ils ne nous sçauroient faire appercevoir aucune partie de ces corps.

2°. Quand par la fenêtre d'une chambre nous regardons les objets de dehors au travers d'une glace de miroir qui sert de vître, nous cessons de voir cette glace dès le moment que nous nous appliquons à bien considerer ces objets, & nous les appercevons presque aussi beaux & aussi distinctement qu'ils nous paroîtroient si cette glace n'étoit pas posée entr'eux & nous ; d'où il suit que la glace, si elle est bien nette, n'interrompt que tres-foiblement les rayons de lumiere qui viennent des objets exterieurs ; puisqu'elle ne change rien dans l'apparence de ces objets, si ce n'est qu'elle les fait paroître en des lieux où ils ne sont pas, & quelque peu plus bruns qu'ils ne paroîtroient, sans l'interposition de cette vître.

3°. Si au lieu de porter notre attention au-delà de ce verre, nous nous bornons uniquement à le considerer ; il est certain qu'en l'observant avec application, nous pourrons découvrir s'il a été bien adouci, s'il est bien poli, s'il n'y a point de rayes, s'il ne s'y trouve ni bules d'air, ni points, ni ondes, &c. en un mot, nous y remarquerons jusques aux moindres particularitez sensibles.

Il s'agit donc maintenant de sçavoir comment nous parvenons à la connoissance de toutes ces choses ; si c'est par le moyen des rayons de lumiere qui nous viennent immédiatement des objets de dehors ; ou si ce sont d'autres rayons de lumiere que la glace a reçûs du dedans de la chambre, & qu'elle nous renvoye ensuite, pour nous faire distinguer toutes ces particularitez ; ou enfin si c'est tout ensemble de l'une & de l'autre maniere que nous les observons.

1°. Ce n'est pas par la lumiere immédiatement envoyée des objets exterieurs que j'apperçois tout ce que je remarque, puisqu'en les regardant attentivement, je cesse d'appercevoir la glace, & tout ce qu'elle contient.

2°. Ce ne sont point non plus les rayons de lumiere qui venant du Ciel, vers lequel je porte ma vûë, qui me la font appercevoir avec ses défauts de transparence, puisque je ne vois que le Ciel par cette façon de regarder.

Il en faut donc premierement conclure, que j'apperçois cette glace par les seuls rayons de lumiere qu'elle a reçûs du dedans de la chambre, & qu'elle refléchit ensuite dans mes yeux, avec les modifications nécessaires pour me faire sentir tout ce que j'y distingue.

D'ailleurs, si pendant que je vois ainsi la glace par des rayons refléchis du dedans de la chambre, il arrive que j'en reçoive encore d'autres qui viennent immédiatement du Ciel ou de quelque autre objet, ces derniers rayons ne font qu'interrompre l'action des rayons refléchis, & m'empêchent d'observer ce verre aussi exactement que je le ferois. Et je suis d'ailleurs persuadé, que s'il étoit possible de tapisser d'un noir parfait toute la chambre où est cette glace, on ne pourroit voir du dedans de cette chambre, que les objets qui seroient au-delà, & non la glace : car si vous arrêtez à l'extrémité d'un tuyau d'environ trois pouces de longueur, & d'un pouce de diametre, dont le dedans soit le plus noir qu'il est possible, un morceau de glace bien transparente, pendant que votre œil sera appliqué à l'autre extrémité du même tuyau, regardant par un trou qui occupe le centre de cette extrémité, & qui soit plus petit que l'ouverture de la prunelle ; en sorte qu'aucun rayon, s'il est possible, ne puisse se refléchir de l'interieur de ce tuyau ; vous ne distinguerez rien de ce verre, & votre vûë se terminera entierement à l'objet exterieur où vous la dirigez.

Après ces observations, il ne sera pas difficile d'expliquer comment nous voyons les objets par le moyen des Microscopes à un ou à plusieurs verres, ni de prouver que tous les objets n'y font bien vûs, que par la seule lumiere refléchie.

1°. Quand au travers d'une seule lentille d'environ trois lignes de foyer, montée dans le Microscope, dont voicy le desſein , nous regardons de haut en bas de petits objets , comme des grains de ſable répandus ſur un corps noir , qui ſert de portes-objets ; il eſt indubitable que nous les apper-cevons par la lumiere que leur ſurface renvoye à l'œil ; & que s'il étoit poſſible d'empêcher que les rayons qui pour-roient les avoir penetrez , ne vînſſent ſe mêler ſur la retine avec les rayons refléchis dont je parle , nous en diſtingue-rions incomparablement mieux cette ſuperficie tournée de notre côté. Et comme ces objets regardez de cette même maniere avec un Microſcope à pluſieurs verres , ne ſont point apperçûs autrement , on en doit conclure , qu'ils ſont toujours vûs dans de pareilles experiences , par des rayons refléchis ; ainſi que nous les verrions de nos yeux nuds , & nullement par des rayons qui ſe rompent ailleurs , que dans les verres de ces ſortes d'inſtrumens.

Il reſte maintenant à montrer que la même choſe arrive quand nous regardons des objets au travers des Microſcopes à liqueurs , tenus dans une direction ſemblable à celle que nous donnons à une Lunette d'approche , pour obſerver ce qui ſe paſſe dans le Ciel.

Pour cet effet , il faut ſe ſouvenir de ce que nous avons dit touchant la glace de miroir appliquée à la fenêtre d'une chambre ; ſçavoir , que nous ne l'appercevons point par les rayons qui nous viennent immédiatement des objets du de-hors , en la traverſant ſimplement ; mais par ceux qui , ayant penetré les pores de ce verre , ſont retournez de la ſurface interieure de la chambre ſur les endroits ſolides de la glace , pour entrer dans nos yeux aprés une ſeconde reflexion ; ainſi les objets ou les parties de ces objets ne ſont point apper-çûës dans ce Microſcope , par les rayons de lumiere qui viennent d'abord du dehors , paſſant au travers des endroits tout tranſparens de ces corps ; mais par ceux qui ayant paſſez par ces mêmes endroits , reviennent du fond du Microſco-pe ; c'eſt-à-dire , de la partie de la lentille , que l'ouverture du diaphragme laiſſe découverte ſur leur ſurface tournée de notre côté , & s'en refléchiſſent enſuite juſqu'au fond de l'œil , où ils peignent l'image de ces objets.

Tout cela ſe peut encore confirmer par d'autres experien-

Planche 9 de la pre-miere Par-tie.

ces ; en voicy une que le hazard me fit un jour naître , qui me semble tres-propre pour montrer que nous voyons les objets dans le Microscope à liqueurs par la seule réflexion de la lumiere.

Un tres-petit corps opaque s'étant heureusement trouvé dans une goutte de liqueur placée au milieu du concave ou porte-objet de verre , se fit voir d'une belle couleur argentine dans une assez grande étenduë de sa surface tournée de mon côté ; & cette étenduë ne pouvoit être vûë que par des rayons de lumiere refléchis , pendant que les endroits qui en étoient un peu éloignez me paroissoient tres-opaques ; parce que la rondeur de cet objet ne permettoit pas que la lumiere refléchie de ces mêmes endroits , vint vers mon œil.

Le même hazard qui a fait trouver le corps opaque dont je viens de parler , posé au milieu du concave ou porte-objet , pourroit bien en faire trouver un autre dans le même lieu , dont les parties seroient si desunies & si interrompuës en sa surface , que les rayons de lumiere refléchis sur luy s'y absorberoient entierement ; d'où il s'ensuivroit que n'en revenant pas dans l'œil du Spectateur , ce petit objet paroîtroit toujours opaque. Ou enfin ce corps opaque occupant trop d'espace vis-à-vis de la lentille , & empêchant par-là l'entrée des rayons de lumiere , il ne pourroit être vû.

Mais si l'on veut faire réüssir cette experience , il n'y a qu'à prendre une lentille d'un foyer un peu long , comme d'un pouce , & donner au diaphragme , dont on doit la couvrir , une ouverture qui surpasse celle du diametre du corps que l'on veut observer ; alors si ce corps opaque est propre à refléchir la lumiere qu'il aura reçûë sur sa surface tournée vers nous , il ne manquera pas d'être vû.

On m'objectera peut-être qu'en faisant rencontrer le corps opaque vis-à-vis le milieu de la flâme d'une chandelle , on l'y voit si noir , que l'on ne distingue rien du tout en sa superficie ; ce qui ne devroit pas arriver.

J'avouë que si le corps opaque est trop petit , par rapport à la grosseur de la flâme de cette chandelle , il paroîtra noir , à cause que la grande quantité de rayons de lumiere , qui

viendra

viendra dans l'œil, fera capable d'effacer l'impreſſion des foibles rayons qu'il reçoit de l'objet que l'on veut voir.

Pour preuve inconteſtable de cette vérité, ſi nous prenons un objet plus gros pour faire cette expérience, notre œil recevant alors moins de rayons directs de la flamme de cette chandelle, ce peu de rayons ne nous empêchera pas de voir ce corps; & c'eſt une des principales raiſons qui doit nous obliger ſouvent à diminuer l'ouverture des diaphragmes que nous mettons ſur les lentilles des microſcopes & ailleurs.

Une autre expérience qui prouve certainement que les objets, comme les anguilles du vinaigre, ſont vûs par la ſeule réflexion de la lumiere, qui retourne du fond du microſcope ſur eux-mêmes, c'eſt que ſi l'on applique au côté plat du concave ou porte-objet, un diaphragme qui couvre même une partie du concave où ſont ces anguilles, on ne ceſſe pas pour cela de voir celles qui ne ſe trouvent pas dans les rayons de lumiere qui traverſent le milieu du concave; & même celles qui permettent par leur tranſparence le paſſage de la lumiere, qui ſouffre réfraction en traverſant le centre du concave & les endroits voiſins, ne paroiſſent pas à beaucoup près ſi diſtinctes que celles qui ne reçoivent la lumiere que par réflexion; & l'on eſt même ſouvent obligé de détourner quelque peu le microſcope, pour ne pas recevoir dans ce moment tant de rayons directs qui nous empêchent de voir l'objet le plus diſtinctement qu'il eſt poſſible, quoique ces rayons le faſſent paroître avec plus d'éclat.

Et il faut remarquer qu'en vous ſervant d'une lentille d'environ trois lignes de foyer, vous rendrez l'expérience dont je viens de parler, plus ſenſible que ſi vous vous ſerviez d'une lentille d'un foyer plus petit; à cauſe que celle-ci faiſant découvrir un moindre champ que l'autre, les objets un peu écartés du trou par où paſſe la lumiere, n'en pourroient pas être apperçûs.

3°. Lorſqu'on obſerve exactement les plus groſſes bulles d'air formées dans la goutte de vinaigre qui occupe la concavité du porte-objet, & que pour cet effet on ſe ſert de la flamme d'une bougie au lieu du jour, on apperçoit l'image en petit de cette flamme qui paroît ſur la convexité de la

bulle d'air tournée vers nos yeux ; ce qui marque infaillible-
ment que c'eſt par réflexion que nous appercevons cette petite image , comme nous la verrions par le réflexion de deſſus un miroir convexe de métal.

Tout au contraire on appercevra cette flamme plus groſſe
au-delà de cette bulle d'air qu'on ne l'a vûe en-deçà , parce
que la concavité du vinaigre qui touche immédiatement le
derriere de la bulle d'air , a la propriété de faire paroître plus
groſſe l'image de l'objet qui lui eſt oppoſé.

4°. Si l'on met des grains de ſable ſur le verre concave du
microſcope ouvert par les côtés pour donner paſſage à la
lumiere , & qu'on regarde ces objets de haut en-bas avec ce
microſcope élevé à - plomb au - deſſus d'un corps qui renvoye à l'œil des rayons de lumiere au-travers de ce concave ,
pendant que ces mêmes grains de ſable en réfléchiſſent
auſſi , on les verra avec moins de diſtinction qu'on ne feroit
ſi on les regardoit en mettant à la place de ce corps un morceau de drap noir aſſez près du trou inférieur de ce même
inſtrument ; d'où il ſuit que la lumiere rompue venant à l'œil
immédiatement , aprés avoir ſouffert quelques réfractions
dans ce verre concave & dans ces grains de ſable , trouble
l'action des rayons réfléchis , en cauſant une ſenſation con-
fuſe de ces objets ; de même que tout ce qui eſt peint dans
un tableau bien éclairé , y eſt vû avec moins de diſtinction
& de beauté qu'il ne le feroit ſi les objets qui l'environnent
ne lui envoyoient pas par réflexion une partie de la lumiere
qu'ils reçoivent.

Enfin ſi c'étoit la lumiere rompue , qui vient immédiatement dans l'œil du Spectateur aprés avoir traverſé les objets
tranſparens , qui nous les fit voir diſtinctement , il s'enſuivroit
que plus l'œil recevroit de rayons rompus , plus il décou-
vriroit de parties diſtinctes dans l'objet ; & c'eſt préciſément
tout le contraire de ce qui arrive , puiſqu'à meſure que l'on
augmente l'ouverture objective du microſcope , pour donner paſſage à plus de rayons de lumiere qui entrent immédiatement dans l'œil après avoir été rompus , plus l'objet
paroît confus.

On objecte que pour voir ſi un verre de lunette eſt bien

adouci, ou s'il est bien poli, on le regarde en le plaçant entre la lumiere & l'œil, & qu'ainsi nous en jugeons mieux qu'en le regardant de toute autre maniere ; d'où l'on veut conclurre que nous voyons les défauts d'adoucissement de ce verre par la seule lumiere rompue qui vient immédiatement dans nos yeux, après l'avoir traversé.

Cette conséquence me paroît tirée avec un peu trop de précipitation, & sans avoir examiné les circonstances qui accompagnent l'expérience dont il s'agit, puisque bien loin de faire contre nous, elle va nous servir d'un nouveau moyen pour combattre l'opinion en faveur de laquelle on l'apporte, en faisant comprendre qu'il n'est pas toujours vrai de dire que pour voir si un verre de *lunette* est assez adouci & assez poli, on *le* place entre la lumiere & l'œil, puisque ceux qui taillent ces verres n'ont pas besoin de les démastiquer pour connoître s'ils ont l'adoucissement & le poliment requis ; ils ne font pour cela que regarder ce verre en tournant le dos à la lumiere, pendant qu'ils la font recevoir au verre qui est attaché à la molette.

On reconnoît même encore assez bien si un verre de lunette a les perfections qu'il doit avoir du côté du travail, lorsqu'il est détaché de dessus la molette, en le regardant appliqué sur un morceau de drap noir, pendant qu'il reçoit la lumiere presqu'à-plomb, & qu'elle revient de même dans nos yeux, ayant le dos tourné à la lumiere du jour, afin de n'en recevoir par réflexion que de la surface du verre qu'on examine, en le remuant doucement pendant qu'on le tient ainsi en expérience.

Il nous reste enfin à prouver qu'en mettant le verre entre la lumiere & l'œil, pour le regarder comme on le propose, nous le voyons encore par réflexion ; car pendant que nous l'observons dans cette situation, une partie des rayons de lumiere qui l'ont traversé, lui est renvoyée par les objets qui sont en-deçà, & d'où lui viennent en même temps d'autres rayons ; ensorte que ceux-ci & ceux-là retournent de ce verre à nos yeux, par une seconde réflexion.

De plus, il faut remarquer que si dans cette expérience nous tournons le verre que nous voulons observer exactement , vis-à-vis le bois d'une croisée de fenêtre , afin de rece-voir moins de lumiere , qui se rompt en traversant ce verre , nous le verrons certainement avec plus de distinction que nous ne ferions sans cette précaution.

Enfin les objets que nous appercevons par le moyen des lunettes d'approche , ne se voyent aussi que par la lumiere qu'ils réfléchissent à nos yeux ; & toutes les réfractions que les rayons souffrent en traversant les verres de ces instru-mens , ne servent qu'à nous augmenter l'apparence de l'ob-jet , à nous le faire paroître plus proche , plus gros & plus distinct , mais moins clair qu'il ne paroîtroit aux yeux nuds , & sans le secours des lunettes.

Nous pouvons donc maintenant conclurre que tous les objets apperçûs , soit par les microscopes en général , soit par les télescopes , ne sont vûs bien distinctement que par les seuls rayons réfléchis.

S'il arrivoit , Monsieur , qu'après avoir examiné cette pe-tite Dissertation vous ne fussiez pas de mon sentiment , je vous prie de me faire la grace de mettre par écrit ce que vous y aurez trouvé de défectueux , tant dans mes raisonne-mens que dans les expériences dont je les ai accompagnés , afin que j'essaye si je pourrai parvenir à rendre plus claire & plus intelligible la matiere en contestation.

Vous aurez aussi la bonté de nous faire comprendre , 1º. comment , en suivant votre hypothese , nous voyons les grains de sable posés sur le porte-objet du microscope à li-queur , semblable à celui qui est représenté en la figure , Pl. 7. ci-après , Tome 2. lorsque nous les regardons de haut en bas.

2º. Comment nous appercevons les mêmes grains de sable par ce même microscope , en lui donnant une situation ho-risontale.

3º. Pourquoi nous les voyons mieux dans l'une de ces si-tuations que dans l'autre.

4º. Et pourquoi encore ces mêmes grains de sable paroîs-sent plus bruns étant vûs dans la direction horisontale du microscope , que dans sa verticale.

5º. Pourquoi il faut moins donner d'ouverture aux diaphragmes des lentilles d'un court foyer, qu'à ceux des lentilles dont le foyer eſt plus éloigné du verre.

6°. Pourquoi les plus petits animaux viſibles des liqueurs, & les plus petits atomes qu'on y découvre, ſont mieux apperçûs lorſqu'ils ſont hors du rayon principal, que lorſqu'ils ſont dans ce même rayon, ou tout proche.

7°. Et pourquoi il y en a de ſi petits, qu'il n'eſt pas poſſible de les appercevoir dans la lumiere qui les traverſe directement en paſſant par l'axe de la viſion, ou auprès ; & qu'ils ſont vûs dans l'ombre, ou hors le cône des rayons qui paſſent par toute l'ouverture objective du microſcope.

8°. Pourquoi nous n'appercevons pas le concave ou porte-objet de verre, que l'on ſuppoſe être des plus parfaits, avec autant de diſtinction que nous appercevons les anguilles du vinaigre, par exemple, qui ſont ſur cette concavité, puiſque ce concave eſt plus tranſparent que ces mêmes anguilles.

9°. Pourquoi certains corps opaques ſont-ils vûs dans le microſcope à liqueur, en les y regardant comme on regarde dans une lunette d'approche, quoiqu'il ne paſſe aucun rayon de lumiere au-travers de ce corps.

Vous verrez, Monſieur, qu'il n'y a aucun phénomene contenu dans les difficultés que j'ai l'honneur de vous propoſer ici, qui n'ait été réſolu ci-devant, ou qui ne le puiſſe être facilement par l'hypotheſe de la double réflexion des rayons de lumiere ; & que de plus il n'eſt pas néceſſaire d'avoir recours aux réfractions que la lumiere ſouffre en les traverſant, ſi ce n'eſt après qu'ils ſont réfléchis ; & enfin que ces réfractions ſont très-nuiſibles en un ſens, puiſque les rayons ainſi rompus, & reçus dans l'œil immédiatement après, nous empêchent de voir les corps avec la même netteté & la même diſtinction que nous les verrions ſans cela.

CHAPITRE XXXVI.

Nouvelles découvertes d'Animaux trouvés dans une infusion d'amadou.

Planche 13.

LE petit insecte représenté en la figure *D* & *E* de la Planche 13. est tout couvert d'une nymphe ou peau écailleuse, que j'ai souvent observé naître dans de l'eau de pluie *, comme aussi d'étang & de riviere. Je l'ai nommé *Malezieu*, parce que M. de Malezieu, de l'Académie Royale des Sciences, est le premier qui l'ait vû. Quelques-uns croyent qu'il tire son origine de l'eau de pluie, dans laquelle, si elle est exposée quelque temps à l'air, on ne manque pas pendant tout l'été d'en trouver une grande quantité d'une vivacité extrème.

Cet insecte est tout-à-fait différent, quant à la forme, de tous ceux que j'ai vûs, & dont le mouvement est très-surprenant : il a une fort grosse tête, à proportion de tout le reste de son corps : il a en plusieurs endroits du corps, des houpes de poil placées comme on les voit dans cette figure : il a deux cornes qui paroissent semblables à celles d'un bœuf tournées en-dedans, &, comme je crois, creuses, avec des houpes de poil aussi aux bouts ; il les remuoit avec facilité & en tous sens : peut-être que ce sont ses narines. La bouche est large, & semble être faite comme celle d'un crabbe ou gamare, & par laquelle je les ai vûs souvent se nourrir d'eau, ou de quelque matiere nutritive contenue en icelle.

J'appercevois fort distinctement au-travers de sa membrane ou peau transparente, l'animal étant vivant, plusieurs mouvemens divers dans la tête, dans l'estomac & dans le ventre, desquels je pourrai peut-être traiter plus amplement ailleurs, pour montrer la grande utilité des microscopes pour découvrir la maniere d'opérer de la Nature dans les corps des animaux, lorsqu'elle agit dans toute sa force & libre-

---

* Par des observations postérieures on a reconnu que ce petit insecte n'est autre chose que le cousin dans son état de ver, qui est très-commun par-tout.

ment ; au lieu que quand nous travaillons pour découvrir ce qu'elle a de plus caché , en la forçant par la dissection de quelqu'animal encore en vie : nous voyons à la vérité que la Nature opere encore , mais elle est troublée par la violence qu'on lui fait.

La forme de ce poisson paroit très-distincte par le dessein qui est ici représenté , la partie postérieure étant composée de huit articles différens , qui sont marqués des lettres *a* , *b* , *c* , *d* , *e* , *f* , *g* , *h* , figure *E*. Du milieu de chaque article , & à chaque côté , sortoient trois ou quatre poils marqués *i* , *i* , *i* , la queue séparée en deux parties de différentes façons , l'une desquelles est marquée 3 , armée de poils , qui paroit servir de queue & de nageoires , pour faciliter & régler les mouvemens très-vifs de l'animal. L'autre partie 2 m'a paru être comme le neuvieme article du corps , armée pareillement de poils ; au bas de laquelle partie , marqué *u* , il y a une espece de boyau marqué *m* , *m* , *m* , d'une couleur plus obscure , qui passe par toute la longueur du corps de l'animal , dans lequel on remarquoit une espece de matiere noire qui montoit & descendoit par des mouvemens péristaltiques depuis la partie orbiculaire *n* , qui me paroissoit être son estomac , jusqu'au bout *u* , & de-là remontoit encore en-haut ; lequel mouvement péristaltique j'ai pareillement observé dans un pou , dans un moucheron , & dans plusieurs autres mouches dont les corps étoient transparens.

La poitrine marquée *o* , *o* , *o* , *o* , étoit épaisse , courte & transparente ; de façon que je voyois le cœur blanc , qui est aussi la couleur du sang de cet animal , comme elle l'est de la plûpart des insectes qui nagent dans l'eau. Ce cœur avoit ses mouvemens de sistole & de diastole , comme l'ont un grand nombre d'autres animaux. On y remarquoit encore plusieurs houpes de poils en forme de petites aigrettes marquées *p* , *p* , &c. il s'en voit de semblables sur sa tête , qui se remarquent aux endroits marqués *s* , *s* , *s*.

Cette tête est large & courte , munie de deux gros yeux noirs , marqués *T* , *T* , qui ne m'ont pas paru de differentes couleurs , comme cela est arrivé dans la suite ; & de deux petites cornes *R* , *R* , dont j'ai déjà parlé.

Son mouvement & son repos sont fort particuliers & fort divertissans à voir. Ils sont très-différens de ceux que j'ai observés dans beaucoup d'autres animaux ; car quand il ne remue plus son corps, la queue qui paroît la plus légere, & même que l'eau dans laquelle il nage, le fait monter dans l'instant à la surface de l'eau dans laquelle il nage, où il se voit suspendu la tête en-bas. Si par quelque vivacité il arrive qu'il descende plus bas que cette superficie, il y remonte bientôt après, jusqu'à ce qu'il ait la queue au-dessus de cette surface.

La posture pendante de cet insecte me fait souvenir d'un certain animal que j'ai vû ici à Londres, qu'on avoit apporté de l'Amérique, qui se tenoit aussi suspendu par la queue la tête en-bas ; & on disoit qu'il avoit coûtume de dormir en cette posture, avec ses petits dans un faux-ventre ou matrice que la Nature lui avoit formé pour la production, la nutrition & préservation de ses petits, dont on trouve la description dans le Livre V. chap. 24. de l'Histoire naturelle du Brésil, par Piso.

Le mouvement de cet insecte se faisoit la queue en-devant, traînant son corps à reculons, par le mouvement çà & là de cette houpe qui sort d'une partie de sa queue. Il avoit aussi un autre mouvement qui avoit plus de rapport à celui de quelques autres animaux, car il alloit la tête en-devant ; & par le mouvement de sa bouche il avoit la facilité de descendre doucement vers le fond du vaisseau où il étoit, se faisant un chemin en mangeant, pour ainsi dire, l'eau. Mais ce qui étoit plus digne d'être observé touchant cet insecte, étoit son changement ou métamorphose ; car en ayant gardé plusieurs dans une phiole d'eau de pluie, dans laquelle ils avoient été produits, j'ai trouvé, après les avoir gardés environ quinze jours ou trois semaines, que plusieurs s'envoloient en moucherons, laissant leurs peaux derriere eux dans l'eau, nageant au-dessus de la surface, dans le même endroit où ils avoient coûtume de faire leur résidence quand ils vivoient encore dans l'eau. Ceci me les a fait observer encore avec plus de circonspection, pour voir si je ne pourrois pas les trouver dans le moment de leur changement ; & peu de

temps

temps après j'en observai plusieurs changés dans une forme extraordinaire , & tout-à-fait différente de ce qu'ils étoient auparavant ; leur corps & leur tête étant devenus beaucoup plus gros & plus profonds , sans être plus larges , & leur ventre ou partie postérieure plus menue , & entourée , pour ainsi dire , au tour de ce gros corps , à-peu-près de la maniere qu'on l'a représentée dans les figures I, H, L, de la Planche 13. La tête & les cornes nageoient alors en-haut , & toute la masse de l'animal me paroissoit être devenue beaucoup plus légere ; car après lui avoir fait peur , il s'enfonçoit au-dessous de la surface vers le fond , en poussant ou allongeant promptement sa queue , de sorte que le corps remontoit avec plus de vîtesse qu'il ne faisoit lorsqu'il étoit dans sa premiere forme.

J'observois de plus son progrès de temps en temps , & je trouvois que son corps augmentoit toujours ; la Nature le préparant ainsi pour un élement plus léger , & dont il alloit devenir habitant : car en l'observant avec le microscope , je voyois ses yeux tout-à-fait différens de ce qu'ils paroissoient auparavant , y remarquant plusieurs petites bosses ou éminences rondes , semblables à-peu-près aux yeux d'une fourmi. Enfin je voyois une partie de cet insecte nager au-dessus de la surface de l'eau , & une autre au-dessous ; & quoiqu'en lui faisant peur il se plongeât entierement , néantmoins il remontoit tout aussi-tôt , se remettant dans sa premiere situation : & après avoir attendu encore quelque temps , je voyois que la tête & le corps d'un moucheron commençoient à paroître & à se montrer tout-à-fait au-dessus de la surface de l'eau , & petit-à-petit ses pattes sont sorties de sa nymphe ; premierement les deux de devant , puis après les autres , & enfin le corps tout entier hors de sa nymphe qu'il laissoit dans l'eau , demeurant sur ses pattes & sur la surface de l'eau ; & petit-à-petit il commençoit à remuer , & ensuite on voyoit dans la phiole un moucheron parfait.

Si je suis descendu dans un grand détail par rapport à la transmutation de plusieurs de ces petits animaux que j'ai observés , c'est parce que je n'ai encore trouvé personne qui l'ait fait ; & parce que la chose est si surprenante & si différente de la production ordinaire des autres animaux , que je l'ai jugée non-feulement devoir être agréable au Lecteur , mais même utile & néceffaire pour perfectionner l'Hiftoire naturelle des Animaux.

Touchant la génération & la production de ces infectes , il peut arriver ou que les moucherons ayent laiffé tomber leurs œufs immédiatement dans l'eau , ou peut-être d'abord dans l'air ; & que le vent & le mouvement continuel de cet air les auroit fait voler çà & là , & retenus dans l'air pendant quelque temps , & à la fin la pluie les aura fait defcendre.

CHAPITRE XXXVII.

D'un Poiffon nommé Coquille *ou* Cyclope *, qui s'eft vû dans la premiere infufion d'amadou.*

N'AYANT encore rien vû dans la Nature qui m'ait paru avoir quelque rapport de reffemblance avec les poiffons dont j'ai parlé dans le chapitre précédent , j'ai été porté à les nommer *Malefieux* , du nom de celui qui les a peut-être le premier apperçûs en France ; & je nommerai *coquilles* ou *cyclopes* , les feconds poiffons , que je ne commençai à voir qu'environ quinze jours après qu'on m'eut fait préfent de la phiole où étoit l'infufion d'amadou *.

Le nom de *coquille* ne leur convient pas mal , parce que quand leurs queues environnent leurs têtes , ce qui leur eft affez ordinaire , ils en ont à-peu-près la figure , & même la couleur. On peut auffi les nommer *cyclopes* , parce qu'ils paroiffent n'avoir qu'un œil , tellement enfoncé dans leur tête , qui eft tranfparente en cet endroit-là , que cet œil peut en apparence voir à droite & à gauche , comme s'ils en avoient deux.

Planche 13.

La groffeur naturelle de l'un de ces poiffons regardé des yeux nuds , approche affez de celle d'un très-petit grain de

---

* Cet animal eft encore le coufin , mais dans un état différent de celui où l'Auteur l'a examiné au chapitre précédent : ici il eft en nymphe.

millet ; mais en l'obfervaut avec une loupe d'environ un pouce de foyer , il nous a paru ainfi qu'il eft repréfenté fous les lettres *F* , *G* : & lorfque nous l'avons confidéré avec une lentille d'environ cinq lignes de foyer , nous l'avons vû fucceffivement fous les différentes formes & grandeurs apparentes qu'il a été repréfenté au-deffous des lettres *H* , *I* , *L*. Sa tête , fon col & fa poitrine fe trouvent tellement ramaffés , que ces trois chofes ne paroiffent compofer qu'une feule maffe de matiere , fur laquelle on ne voit qu'un œil affez gros & noir , environné de quelques petits poils inégalement diftribués fur les bords de fes paupieres , qui paroiffent immobiles.

On remarque encore deux efpeces d'oreilles longues , rondes , & creufes comme de petits tuyaux courbés en arcs : tout le refte de fon corps fe voit compofé de fix ou fept pieces en forme d'anneaux articulés , qui vont en diminuant de groffeur , ornés de plufieurs petites aigrettes formées de poils.

On voit encore fortir du dernier de ces anneaux deux efpeces de plumes bien tranfparentes , qui fervent de nageoires à ce poiffon, qui eft repréfenté de côté en *H* , vû par derriere ou des trois quarts en *L* , & en forme de coquille au-deffous de la lettre *I*.

Nous ne dirons rien des parties contenues fous la fuperficie de la nymphe écailleufe ou membraneufe de ce poiffon , parce qu'il nous a toujours paru tellement ramaffé , que la lumiere ne les pouvant pénétrer , elle n'en pouvoit peindre les images dans nos yeux.

Les Malezieux , dont j'ai parlé ci-devant , ayant quitté leur peau , fe font admirer fous la forme de cet infecte , qui ne differe pas tant du premier , que ce fecond differe du troifieme dont on va parler ; car en examinant de près ce cyclope , on le voit nager la tête en-haut , pour remonter du fond de la caraffe vers la furface de l'eau , en pouffant fa queue avec vîteffe vers le bas de l'eau , pour faire monter fa tête en-haut.

En obfervant fon progrès de temps en temps , on s'appercevoit que le volume de fon corps s'augmentoit de plus en plus , la Nature le préparant ainfi pour lui faciliter les moyens d'aller vivre dans un élement beaucoup plus léger , & dont il alloit devenir l'habitant ; car en l'observant avec le microscope à deux verres , on voyoit nager une partie de son corps au-dessus de la surface de l'eau , & une autre au dessous : & quoiqu'en lui faisant peur il s'enfonçât dans l'eau , on l'appercevoit bientôt remonter avec beaucoup plus de vîtesse qu'il ne faisoit lorsqu'il étoit dans sa premiere forme.

Enfin en continuant de l'observer , on fut tout étonné de voir la tête & le corps d'une petite mouche qui commença à s'élever petit-à-petit au-dessus de la surface de l'eau , en s'y dégageant de sa nymphe ; poussant ses pattes de devant au-dehors de cette peau , ensuite celle de derriere , & enfin son corps entier , se disposant petit-à-petit à prendre l'essor & s'envoler en l'air.

On me demandera peut-être comment il est possible que cette mouche qui a commencé à vivre dans l'eau , étant enveloppée de deux nymphes dont elle a sû se débarasser , peut après cela continuer à vivre dans l'air.

Pour répondre à cette demande , il n'y a qu'à faire réflexion qu'il y a des animaux qui n'ont besoin que de peu de nourriture pour vivre , & d'autres ausquels il en faut beaucoup ; que ceux dont l'estomac digere facilement & en peu d'heures , ont besoin de beaucoup d'alimens pour les soûtenir , comme l'homme , le cheval , &c. tout au contraire ceux dont l'estomac digere difficilement en employant beaucoup de temps , comme les marmottes , les viperes , &c. n'en ont besoin que de peu.

Nous tirâmes un jour une vipere hors d'une grosse & large bouteille , où elle reposoit sur un lit de sable depuis environ six mois , sans avoir usé d'aucune nourriture apparente durant tout ce temps-là : on la présenta à la tête d'un chien qu'on avoit lié sur une planche pour le disséquer , elle le mordit à une oreille ; un moment après ce chien tomba dans une si grande convulsion , qu'il en mourut en un instant. On l'ouvrit , & l'on trouva son sang déjà figé dans les vaisseaux sanguins. Je suis persuadé qu'elle auroit encore vécu quelques mois sans prendre d'autre nourriture.

Il y a un grand nombre d'autres animaux qui vivent long-temps dans l'air, sans leur donner que peu ou point de nourriture. Une araignée que j'avois enfermée dans un microscope à canon de verre, que j'ai nommé *tombeau*, y a vécu plus de quatre mois, sans y avoir pris d'autres alimens que le sang de deux mouches ordinaires que je lui jettai en deux différentes fois, & qu'elle piqua à la gorge après s'en être saisie, pour en succer le sang seulement, car elle ne les mangea pas.

Enfin ayant appliqué plusieurs mites d'un serin de Canarie sur le porte-objet d'un microscope à liqueur, & les y ayant colées avec un peu d'eau gommée, pour les y faire tenir, je m'apperçus qu'au bout d'environ trois mois il s'y en trouva encore quelques-unes en vie, quoique colées sur le dos. Ces expériences, & un grand nombre d'autres que je pourrois rapporter ici, s'il étoit nécessaire, prouvent qu'il y a dans l'air, comme dans l'eau, des parties nutritives qui servent d'alimens à ces animaux ; ainsi les moucherons sortis des nymphes qui enveloppoient les Malesieux & les cyclopes, pouvoient y vivre aussi.

Le dernier poisson que j'ai vû dans la phiole où étoient les Malesieux & les cyclopes, est représenté sous la lettre *m ;* sa figure nous a paru semblable à celle d'une poire de bonchrétien, couverte d'une infinité de petits poils : sa tête étoit couronnée d'un bandeau, dont la largeur étoit terminée d'un côté par quelques petits ornemens, & l'on appercevoit sortir de son front plusieurs gros poils longs & transparens. Cet animal qui est représenté vû par le dos, n'est point transparent : on voit à gauche de longues pattes munies de poils qui lui servent de nageoires.

CHAPITRE XXXVIII.

Seconde infusion d'amadou.

LE 18 Août de l'année 1718, je préparai une infusion de grosse amadou ; environ 24 heures après j'y apperçus quelques petits animaux, dont le contour ne me paroissfoit pas bien terminé : peu de jours après j'y vis des corne-mufes blanches & tranfparentes. Le 12 Septembre il s'y trouva un grand nombre de poiffons, que j'ai nommés *enfans en maillots*, qui moururent huit jours après leur naiffance ; en la place defquels il fuccéda beaucoup de chenilles aqua-tiques : il y vint auffi des cloportes & des fphéroides, fans aucun mouvement fenfible.

Cette infufion, qui étoit encore en expérience le 28 No-vembre de la même année 1718, ne fit rien voir de plus.

Cette expérience fait voir qu'une feconde infufion de mê-me nature que la premiere, n'aide pas toûjours à produire les mêmes chofes : la raifon en paroîtra évidente à ceux qui fe feront donnés la peine de lire le chapitre 18 de cette fe-conde partie, qui eft au *fol. 44*.

CHAPITRE XXXIX.

D'une nouvelle Poule hupée, vûe dans une infufion de bois de chéne flotté.

NOus avons repréfenté un poiffon avec des ailes, dans dans la feconde Planche de la deuxieme partie de ce Livre, que nous avons nommé *Poule hupée*. En voici une autre que je nomme du même nom, qui n'a point d'ailes ; on la voit repréfentée fous la lettre *N*. La premiere n'avoit point de corps qui fût vifible ; celle-ci en a un fort gros, qui fe termine en pointe affez longue, & fi mobile, qu'elle fert de gouvernail à ce poiffon pour le diriger durant fon nager, qui m'a paru affez élégant.

Planche 13.

CHAPITRE XL.

Des Poiffons nommés Deftouches.

MOnsieur Camus Deftouches ayant eu la bonté de m'envoyer d'une eau tirée de fon puits, après avoir été mife dans un réfervoir de pierre, & expofée à un air libre durant plusieurs jours, je l'examinai avec beaucoup de plaisir, & j'eus la satisfaction d'y appercevoir plusieurs animaux marchans, rampans & nageans, qui m'ont paru assez singuliers pour mériter d'être représentés dans cette Planche.

Je nommerai *grain de millet* celui qui a été représenté au-dessous de la lettre O, parce qu'il en a à-peu-près la figure & la couleur. Il paroît aux yeux nuds environ de la grosseur d'une très-petite épingle : je l'ai trouvé nageant de côté parmi de petits vers rouges, dont je dois parler ci-après. Lorsqu'on l'observe avec une lentille d'environ cinq lignes de foyer, & qu'on l'expose à la lumiere du jour, de maniere qu'elle revienne à l'œil par une simple réflexion, on s'apperçoit que l'animal est enfermé comme dans une double coquille, comme les moules ; qu'il a la liberté d'ouvrir & de refermer, de même que l'on ouvre une tabatiere à charniere ; & qu'il pousse de temps en temps de longues pattes au-dehors, qui servent à le faire mouvoir sur le côté seulement, ne l'ayant jamais vû posé sur son ventre, qui est un peu courbe-concave ; ni sur son dos, qui est courbe-convexe.

Cette convexité paroît polie & un peu luisante ; elle est d'un jaune-pâle, & munie de quelques petits poils assez éloignés les uns des autres. Cette espece de surtout n'étant pas transparent, il ne m'a pas été possible de pouvoir découvrir la forme particuliere du poisson ; qu'il cache de toutes parts. Son nager n'est pas élégant ; il ne tourne & n'avance que par les diverses secousses de ses pattes, qui sont munies de très-longs poils transparens, & assez gros du côté de leurs racines.

Planche 13.

CHAPITRE XLI.

Des Poux aquatiques.

ON découvre dans l'eau commune qui se donne de temps en temps aux têtarts pour leur servir de nourriture, plusieurs sortes d'animaux, parmi lesquels il s'en trouve quelques-uns d'assez singuliers pour mériter que l'on en fasse l'histoire anatomique.

Celui dont je vais parler est de ce nombre. Sa grosseur naturelle & ordinaire approche assez de celle d'un ciron ; mais étant mis sur le porte-objet d'un microscope à liqueur, monté de plusieurs lentilles de différens foyers , qui s'y placent l'un après l'autre , on l'apperçoit à-peu-près tel qu'il est vû au-dessous des lettres *P, Q, R*; & parce que sa figure approche quelque peu d'un des animaux domestiques qui nous incommodent quelquefois , je lui donnerai le nom de *pou aquatique* *, en attendant que quelque Naturaliste mieux instruit que je ne le suis des différens êtres de la Nature , lui en donne un autre qui lui convienne mieux.

Planche 13.Si l'on considere ce pou couché sur le dos & tout étendu , ainsi qu'il se voit en *R*, on apperçoit que sa tête est couronnée de plusieurs petits globules blancs & transparens , qui paroissent comme autant de petits animaux qui s'attachent à son corps pour le dévorer. J'ai reconnu depuis , que ces animaux ressemblent fort aux entonnoirs qui se rencontrent dans les infusions de paille & d'épis de blé , quoique plus petits ; & qu'au milieu il y a un petit corps noir & mobile en lui-même , environné en partie de plusieurs globules transparens , qui semblent être attachés sur une partie de sa circonférence , tandis que l'autre partie se voit environnée de plusieurs petits filets noirs qui le font mouvoir tour-à-tour de différens sens.

Comme ces animaux présentent toûjours cette tache noire aux yeux des spectateurs , il y a lieu de croire que c'est l'œil de ce poisson ; & parce qu'il est tout seul , on peut nommer cet insecte *second cyclope,* pour le distinguer du précédent.

On voit en celui qui est marqué *R*, deux longs bras composés de plusieurs articles très-mobiles , qui sont munis de gros & de petits poils blancs & transparens ; & l'on apperçoit encore que ces bras ainsi construits , servent de nageoires à ce poisson. Presque toute la largeur de ce petit animal paroît divisée en deux parties égales par une bande un peu large , sous laquelle & à la faveur de sa transparence , on découvre vers le haut un petit corps que j'ai pris pour ses pou-

---

* Selon la description de l'Auteur , je crois que c'est l'insecte que Swammerdam appelle *pulex aquaticus arborescens ,* puceron d'eau branchu.

mons ,

mons, à caufe de deux mouvemens égaux & réglés qu'on y peut obferver très-diftinctement.

A droite & à gauche de la bande dont je viens de parler, j'ai vû deux corps longs, de figure femblable à deux portions de cercle affez égales entr'elles, qui fe meuvent enfemble de haut en-bas & de bas en-haut, fans que j'aye pû d'abord juger ce que ces corps pouvoient être; mais en continuant de les obferver, j'ai remarqué que l'animal avoit affemblé trois iambes d'une part, & trois d'une autre part, garnies de longs poils; s'allongeant toutes enfemble, & fe raccourciffant de même; continuant ainfi ces divers mouvemens, jufqu'à ce que la liqueur dans laquelle il étoit, fût entierement defféchée.

Nous avons auffi remarqué dans un autre poiffon de même genre, mais d'une efpece affez différente du précédent, que l'office de fes jambes étoit de fervir à le tranfporrer d'un lieu en un autre, non en marchant, mais en nageant.

On voit le long de fon corps une efpece de boyau courbé du côté de fa tête, dans lequel on apperçoit une matiere en mouvement, qui va & vient en ne changeant que très-peu de lieu : on apperçoit à côté deux autres corps auffi en mouvement, dont l'un eft plus tranfparent que l'autre.

Au-deffous de ces corps il y a deux efpeces d'ailes qui fe meuvent très-vìte & très-régulierement, ne ceffant ce manége que quand la liqueur fe trouve totalement defféchée; car alors l'animal n'y pouvant faire aucune fonction, il y meurt collé fur le porte-objet du microfcope.

On remarque aux endroits marqués 4, 4, comme deux petites cornes, compofées l'une & l'autre de deux cornes articulées de quelques petits poils à leurs extrémités.

Enfin le derriere de ce poiffon eft terminé par deux longs poils blancs, tranfparens & mobiles, dont l'ufage m'a paru être à-peu-près le même dans cet animal, qu'un gouvernail eft à un vaiffeau de tranfport.

CHAPITRE XLII.

Du Pou terreftre & aquatique.

Planche 14. DANS une eau prife dans le tonneau qui eft au jardin fupérieur du Collége de Boncourt, je trouvai plufieurs animaux que je n'avois point encore vûs dans les eaux de cette nature que j'avois ci-devant examinées. Je plaçai celui dont voici le deffein, fur le concave ou porte-objet de verre d'un microfcope monté d'une feule lentille, dont le foyer eft d'environ une ligne & demie de longueur; & par ce fecours je vis cet infecte à-peu-près comme je l'ai repréfenté au-deffous de la lettre *D*, & d'une couleur d'ambre jaune peu tranfparent; ayant la tête plus large que haute, & comme enchâffée dans fes épaules, qui forment une efpece de bourrelet, & tout le refte de fon corps fe voit compofé de fept ou huit articles emboîtés en partie les uns dans les autres.

Le devant de la tête de cet infecte eft orné de deux cornes d'une longueur & d'une ftructure des plus extraordinaires qu'on puiffe voir. Chacune de ces cornes eft compofée d'environ dix à onze articles, qui femblent n'avoir entr'eux que très-peu de liaifon : ces articles font munis & environnés de très-petits poils. Ce qui m'a paru de très-fingulier dans la ftructure de ces cornes, ç'a été d'en voir les extrémités terminées par des parties plus groffes & plus pefantes que ne font celles qui les précedent.

On apperçoit deux gros yeux placés à droite & à gauche de la tête de cet infecte, dont la cornée eft raboteufe, & femblable à celle de l'œil d'une punaife. Vous voyez cet infecte avec fix longues pattes très mobiles, munies de poils & armées de griffes bien aiguës, s'approchant & s'éloignant l'une de l'autre, fuivant les divers mouvemens qu'il procure à fon corps, tant en nageant dans l'eau, qu'en marchant fur fa furface & ailleurs; car il l'abandonne quelquefois totalement, pour fe promener durant quelque temps fur celle du vaiffeau qui la contient.

La trop grande épaisseur & le peu de transparence du corps de cet animal, nous ont empêché d'en pouvoir découvrir les parties intérieures.

Pendant que je fus appliqué à examiner l'insecte dont je viens de parler, ses compagnons se préparoient pour passer d'un élément aqueux dans un plus léger; de sorte qu'en passant de l'eau dans l'air, & s'échappant ainsi à mes yeux, je fus privé en peu de temps du plaisir que je m'étois proposé d'avoir, & de celui que j'avois dessein de procurer au Public, par la description anatomique que j'en aurois pû faire.

CHAPITRE XLIII.

D'une apparence de Chenille dorée, couronnée & masquée *.

POUR continuer l'explication des choses qui sont contenues dans la treiziéme Planche, nous parlerons d'une production de la Nature des plus singulieres, & des plus curieuses à observer: ce sont trois différentes représentations d'une apparence de Chenille qui paroît en forme de coque, qui n'est attachée que par le derriere à une petite branche de sureau chargée de feuilles & de fleurs, qu'un de mes amis se donna la peine de m'apporter de la campagne l'été dernier. Elle a été représentée en *S*, ayant la tête en-haut, & vûe par-devant; elle est vûe en *T* par-dessus, ayant la tête en-bas, & le corps un peu tourné de côté; & on la voit en *V* de profil, posée sur la petite branche de sureau. On la peut nommer *Chenille masquée*, parce qu'il paroît un véritable masque au-devant de sa tête, sur lequel on voit comme deux yeux, un nez, un menton, un front; mais il n'y paroît point de bouche.

Ce masque semble être environné d'un voile qui ne cache aucune partie du visage, laissant les joues presqu'entierement

---

* La Chenille que décrit ici l'Auteur, doit être une chrysalide singuliere, de l'espece de celles qui se suspendent par leur partie postérieure: s'il l'eût gardée assez de temps, ou qu'elle eût pû conserver la vie, il en auroit vû naître un papillon.

découvertes ; n'en cachant qu'autant qu'il faut pour enchâſ-
fer ce maſque , comme on enchâſſe une pierre précieuſe dans
ſon chaton , afin de l'y arrêter. On remarque encore à droite
& à gauche de ce maſque , comme deux oreilles qui paroiſſent appuyées ſur ce voile , ce qui fait que le viſage eſt entierement découvert. Sa coeffure eſt une eſpece de bonnet à
deux cornes pointues , compoſée de pluſieurs pieces qui ſe
joignent ſi exaſtement l'une auprès de l'autre , que leur aſ-
ſemblage n'en eſt bien vû que par le ſecours d'une loupe.

Le corps de cette Chenille eſt compoſé de ſix ou ſept articles qui ſe voyent un peu emboités l'un dans l'autre , &
diminuer de groſſeur à proportion qu'ils s'approchent de ſon
extrémité. A droite & à gauche de chacun de ces articles ,
on y compte douze eſpeces de mammelons , ſix d'un côté
& autant de l'autre , également eſpacés ſur deux lignes droi-
tes qui ſeroient tirées de haut en - bas. Le voile ou les ailes
de l'animal , qui ſervent comme de ſertiſſure au maſque ,
deſcendent le long du dos de la Chenille , & ſe terminent
immédiatemeut au - deſſous des trois premiers articles qui
ſont du côté de la tête.

Lorſqu'on m'apporta cette Chenille , je vis ſa coeffure &
une grande partie du devant de ſon corps , d'une belle couleur d'or luiſant : dans la ſuite elle s'eſt changée en celle des
feves de caffé à demi torréſié , ſans avoir perdu que très-peu
du luiſant qu'on y avoit remarqué. Cette derniere couleur
eſt encore changeante , à-peu-près comme elle l'étoit au
commencement , ſuivant les diverſes expoſitions du jour
qu'on lui faiſoit recevoir.

Ou voit dans l'Hiſtoire naturelle de *Jonſtonus* , Medecin
Anglois , des effets merveilleux de la Nature , qui ſont encore plus ſurprenans que tout ce que j'ai dit du poiſſon maſ-
qué repréſenté en la ſixieme Planche de cette ſeconde partie,
ſous le chiffre 12.

Nous avons vû une agathe aſſez petite , taillée d'une forme un peu convexe & ronde , ſervant d'une pierre précieuſe
enchâſſée dans le chaton d'une bague qui repréſentoit le viſage d'une Religieuſe avec ſon voile , d'une beauté ſinguliere.

*Hiſt. nat. l.
2. tab. 22 &
23. & hiſt. piſ-
cium, tab. 27.*

C'eſt une choſe aſſez commune , de voir des formes de têtes différentes ſur des boëtes de racines de buis , ſur celles de bois d'olivier , ſur des tables de marbre , ſur de certains cailloux qu'on ſcie pour faire des tables de marqueterie , &c. & cela ſuffit pour guérir l'eſprit de certaines perſonnes , qui ne veulent pas croire qu'il y ait dans la Nature des choſes qui puiſſent avoir quelque rapport de reſſemblance à l'homme.

Voyez encore là-deſſus ce qui eſt rapporté par Jean Struys dans ſes Voyages de différens Pays.

CHAPITRE XLIV.

Des Doguins trouvés nageans dans une infuſion de paille de blé, qui étoit en expérience depuis dix mois ou environ.

NOus avons parlé dans le trentieme chapitre de cette ſeconde partie , des animaux trouvés dans diverſes inſuſions de paille & d'épis de blé , dont on peut voir les deſſeins ſur les Planches 8 & 9 de cette même partie ; mais nous n'avions alors aucune connoiſſance du nouveau poiſſon qui ſe voit ici repréſenté au-deſſous de la lettre *X*, que M. Ca- mus Deſtouches nomma *doguin* dès le moment que j'eus l'honneur de le lui faire voir au-travers d'une lentille d'en- viron dix lignes de foyer , par le moyen de laquelle nous vîmes ſa tête comme emmanchée dans ſes épaules , au-delà deſquelles il l'avançoit & la retiroit ſucceſſivement ; il la tournoit auſſi & la mouvoit très-librement en tous ſens , remuant diverſément ſes levres , qui paroiſſoient très-mobiles & garnies de poils aſſez courts , & dont les mouvemens particuliers faiſoient pirouetter d'autres animaux très-petits qui ſe trouvoient à portée de ſa bouche , dans laquelle il en faiſoit entrer quelques-uns pour lui ſervir de nourriture : ſon corps que nous appercevions aſſez mal terminé & changer ſouvent de forme , nous paroiſſoit très-gros par rapport à ſa longueur : nous en découvrions quelques-uns qui étoient tout tranſparens , & d'autres dont le bas-ventre étoit rempli de petits corpuſcules bruns , qui ne permettoient pas un libre paſſage à la lumiere.

Planche 13.

On apperçoit au derriere de ce poiſſon deux corps longs & ronds, qui vont en diminuant de groſſeur juſqu'à ſe terminer en pointes aſſez fines. Ces deux eſpeces de queues, qui ſont blanches & tranſparentes, ſervent de gouvernail & de nageoires à ce poiſſon. Pendant qu'il ſe tranſporte très-vîte en nageant, on voit qu'il s'arrête de temps en temps au milieu de ſa courſe pour faire pluſieurs culbutes, en faiſant paſſer ſon corps par-deſſus ſa tête d'une maniere adroite & très-agréable à voir.

Je trouvai le 8 Septembre 1718, une autre eſpece de Doguins dans une vieille infuſion d'un bouquet compoſé de pluſieurs fleurs de différentes eſpeces, qui avoit trempé dans de l'eau de riviere dés le 25 Août 1717, qui n'ont pû trouver de place dans cette Planche. Le corps en étoit ſi blanc & ſi tranſparent, que je pouvois diſcerner les mouvemens du cœur, des poumons, & de tout ce qui étoit contenu dans la capacité du bas ventre de cet animal. Ces derniers Doguins different des précédens, en ce qu'ils ſont plus tranſparens; que leurs queues ſont très-courtes & preſque immobiles; qu'ils ſe meuvent très-lentement; & enfin que leurs bouches ſont plus petites de moitié que celles des premiers.

CHAPITRE XLV.

Deſcription de certains petits Vers rouges qui ont été trouvés dans de l'eau de puits.

Planche 13.

ON voit trois de ces petits inſectes qui ont été repréſentés au bas de cette Planche, au-deſſous des lettres *y, y, y,* un peu plus gros qu'on ne les a vûs des yeux nuds. Il y en avoit de gros & de petits dans l'eau de ce puits; les plus gros avoient environ quatre lignes de longueur & demi-ligne de diametre, étant vûs ſans autre ſecours que celui d'une lunette à nez, dont chaque verre avoit ſix pouces de foyer. Par ce moyen je les apperçûs nager dans cette eau d'une maniere toute extraordinaire, n'y avançant que par les

différentes secousses de chaque moitié de leur petit corps ,
dont ils formoient un 8 de chiffre , ou une s toute semblable
à celle que je viens de représenter ; se pliant & se dé-
pliant avec tant de souplesse & de promptitude , qu'on se
trouvoit obligé de donner toute l'attention dont on étoit
capable , pour bien juger de la forme qu'il prenoit à chaque
moment ; & après qu'il s'étoit bien fatigué , on le voyoit descendre au fond de l'eau , où il étoit vû marcher & ramper
par le moyen de quelques pattes très-courtes qu'il avoit vers
la tête & vers la queue. Mais parce que ce vers a beaucoup
de longueur par rapport à sa grosseur , il est obligé de ramper après avoir marché quelque peu , & pour cela il faut
qu'il se serve des parties en forme d'anneaux qui sont au milieu de son corps , pour se transporter plus facilement d'un
lieu en un autre ; ce qu'il ne pourroit faire s'il n'employoit
que ses pattes toutes seules. J'ai trouvé la méchanique de ce
transport si belle , que j'ai crû la devoir expliquer pour la
faire comprendre ; & cela suffit pour nous assurer qu'un seul
insecte peut marcher, ramper & nager. Les vers de terre de
la couleur de ceux dont je viens de parler , ne font que ramper ; les Chenilles aquatiques rampent & nagent , & les anguilles du vinaigre nagent seulement.

Pendant que le ver représenté en cette Planche avance
sa tête & qu'il la retire , il ouvre une grande bouche bien
différente de celle des vers ordinaires , qui est toute ronde ;
au lieu que celle de l'insecte dont je parle , a la levre supérieure beaucoup plus longue que l'inférieure , & on les voit
l'une & l'autre munies de petits poils assez courts. Sa tête est
ornée de deux petites cornes qui paroissent émoussées par
leurs extrémités , & de deux yeux très-brillans ; le derriere
est terminé par plusieurs especes de feuilles assez longues &
transparentes : enfin on apperçoit un ou plusieurs muscles
qui forment un cordon qui regne depuis sa tête jusqu'au dernier des anneaux qui composent toute l'étendue de l'animal ,
à la réserve de sa tête & de sa queue.

Ces petits insectes amassent une espece de sédiment qui se
forme au fond du vaisseau où ils sont ; ils s'en font un petit
tas qui paroit de couleur verte , dans lequel ils se logent

après s'être bien tourmentés ; & l'on remarque en la surface extérieure de cette maffe, des entrées rondes qui s'y confervent, quoique la matiere qui les environne foit très-délicate. Si on la remue en l'agitant pour l'éparpiller, & rompre ainfi toutes leurs cellules, ces animaux la ramaffent tout de nouveau en un petit peloton, pour y former de nouvelles cellules dans lefquelles ils fe gliffent, & où ils demeurent autant de temps qu'il leur en faut pour faire de nouveaux efprits, & recommencer à nager de la méme maniere que nous l'avons décrit.

Je devrois parler ici de ce que deviennent ces infectes, en marquant de quelle maniere ils paroiffent fe transformer en mouches que l'on nomme des *coufins ;* mais j'ai befoin pour cela de les examiner encore, afin de ne rien avancer que de certain fur ce changement, qui m'a paru des plus curieux que l'on puiffe voir, & même des plus furprenans.

CHAPITRE XLVI.

De l'Araignée aquatique.

Planche 14. J'Ai donné le nom d'*Araignée aquatique* au poiffon qui eft vû repréfenté fur cette Planche au-deffous de la lettre *E ;* Je l'ai pêché par hafard dans une très-vieille infufion d'écorce de bois de chêne. Son corps eft de figure ovale, & fans aucune apparence de tête ; on voit pourtant quelquefois remuer de très-petits poils qui bordent fes levres, dont le mouvement particulier donne occafion aux petits corps qui fe trouvent dans cette infufion, d'entrer dans fa bouche pour fervir de nourriture à ce poiffon. A droite & à gauche de cette bouche, on y voit deux petites cornes articulées & mobiles, dont les extrémités font terminées par des efpeces de petits poils qui forment comme des aigrettes. On lui remarque quatre pattes toutes femblables à fes cornes, mais un peu plus longues & plus groffes. Ces pattes & ces cornes fervent de nageoires à ce poiffon, qui fe tranfporte par des fecouffes fi promptes & tellement fuivies, qu'on a de la peine à le bien examiner ;

examiner ; il faut pour cet effet attendre patiemment qu'une grande partie de la goutte d'eau où il nage , soit presqu'entierement desséchée : alors on se trouve en état d'en pouvoir observer toutes les parties dont je viens de parler , & de re-connoître qu'il est terminé par une espece de queue faite de poils.

CHAPITRE XLVII.

*Description d'un petit Insecte des plus curieux qui se puisse observer , tant pour la diversité des choses qu'on y découvre extérieurement , que pour celles qu'on y apperçoit dans les parties transparentes *.*

CE petit poisson se pêche dans nos bassins de fontaine , où on le voit nager parmi les têtars ; il a environ deux lignes de longueur , & une ligne de diametre par le milieu de son corps. Sa construction est toute singuliere ; on le voit ici représenté au-dessous de la lettre *K* , Pl. 15 , à - peu - près comme on l'a vû avec un petit microscope à deux verres , qui n'a qu'un pouce de longueur : par son moyen on voit les objets dans leur situation naturelle. Le dos de cette insecte est convexe , & couvert de plusieurs especes d'anneaux écailleux & mobiles. Chacune de ces écailles est piquée de plusieurs petites cavités , qui se voyent représentées par des points. Sa tête est ornée de deux yeux noirs , de deux cornes , & de deux especes de bras qui se découvrent un peu au - dessous de ses yeux : sa queue est composée de quatre especes de nageoires , chacune desquelles est divisée en plusieurs articles emboîtés les uns dans les autres , & garnis de poils assez gros vers leurs racines : ses jambes , qui sont au nombre de cinq ou six de chaque côté , lui servent aussi de nageoires, & sont encore garnies de poils à-peu-près semblables à ceux qui se remarquent aux jambes d'une puce. Outre ces parties extérieures , on apperçoit encore vers le derriere du corps de ce poisson , deux especes de bras plus

---

* Cet Insecte est connu sous le nom de *scille aquatique* , ou sous celui de *crevette*.

menus que les précédens , qui battent la mesure très - régulierement & avec beaucoup de vitesse , s'accordanr entr'eux à s'élever & à s'abaisser , de même que cela s'observe aux pattes de devant d'un chien qu'on fait tenir debout , & qui a été dressé à faire ce petit manége. Pendant que le mouvement de ces bras dure , on voit circuler l'eau qui environne ce poisson placé sur le porte-objet d'un microscope , & qu'on y laisse exprès pour l'empêcher de mourir durant le temps que l'on employe à l'examiner.

Mais ce qui paroît de plus surprenant , c'est de voir circuler le sang de ce poisson dans les veines & dans les arteres des quatre nageoires qui composent sa queue ; dans celles des cinq ou six pattes qui sont du côté de la lentille ; dans les vaisseaux des deux bras , lorsqu'ils cessent de battre la mesure ; dans les deux cornes qui sont sur sa tête, & dans les deux autres bras qui se voyent au-dessous de sa tête. On peut nommer ce poisson *crevette*, parce qu'il ressemble en quelque façon à un poisson de mer qui est de la longueur d'un doigt ou environ , & à qui l'on a donné ce nom.

CHAPITRE XLVIII.

Des Sauterelles aquatiques *.

Planche 15. MADAME la Duchesse du Maine s'étant appliquée aux Mathématiques & à la Physique d'usage , s'est heureusement trouvée avoir beaucoup de sagacité pour les découvertes qui se font avec le microscope ; de sorte qu'elle s'est fait un plaisir , après la lecture de mon Livre , de pousser assez loin cette matiere , pour trouver de nouveaux insectes dans des eaux préparées , & dans celles qui n'ont point d'autre préparation que celle qui leur vient naturellement de l'air par succession de temps. Cette Princesse m'ayant fait l'honneur de m'appeller à Sceaux , elle envoya prendre de l'eau dans un canal. Cette eau lui ayant été apportée , elle en mit une très-petite goutte sur le porte objet de son microscope

---

* C'est la nymphe de la mouche éphémere.

universel , avec autant d'adresse que l'auroit pû faire un excellent Microscopiste. Aussi-tôt qu'elle l'eut porté à son œil
& mis au point de distinction , elle s'écria en disant : *En voici
un des nouveaux que j'ai découverts !* En me présentant le microscope , Son Altesse Sérénissime me pria de l'examiner , de
le dessiner quand je serois de retour à Paris , pour le faire
graver , & d'en donner une description de sa part à Messieurs
de l'Académie Royale des Sciences.

J'examinai donc cet insecte , que je trouvai d'abord digne
d'admiration ; & parce qu'il étoit nécessaire de lui donner un
nom qui lui convînt , pour en faciliter la description , je pris
la liberté de dire à S. A. S. que si elle avoit pour agréable
d'en être la maraine , j'en serois le parain ; elle me répondit ,
très-volontiers , de sorte qu'il fut nommé *sauterelle aquatique.*

Après avoir passé environ deux heures à faire diverses expériences avec les microscopes de S. A. S. je pris congé de
cette Princesse pour m'en revenir à Paris , où j'apportai la
bouteille pleine de l'eau du canal dont je viens de parler ,
& d'un nombre suffisant de Sauterelles aquatiques , afin de
les examiner à loisir.

Le lendemain je les mis en expérience , pour les faire
dessiner par M. de Vigneux , qui les représenta dans les trois
différentes attitudes exprimées élégamment au - dessous des
lettres *A* , *B* , *C.* La premiere de ces représentations la fait
voir par le dos , la tête en - haut , & posée sur le ventre : la
seconde la fait voir de côté , le dos en-haut , & étendue de
droite à gauche : enfin celle qui est vûe au-dessous de *C* ,
est couchée sur le dos , ayant la tête en - haut , & le ventre
tourné du côté du Spectateur.

Cet insecte nous a paru avoir environ deux lignes de longueur , étant vû des yeux nuds , sans y comprendre l'étendue de sa queue , divisée dès sa racine en trois branches claires & transparentes , dont chacune est composée de plusieurs articles qui vont diminuant de grosseur depuis le
commencement jusqu'à la fin. La tête de cette espece de
Sauterelle étant vûe de front , paroit à-peu-près semblable à
celle d'un jeune agneau ; on y voit deux gros yeux bruns ,
& sur le milieu de chaque cornée une petite tache noire ,

Planche 15.

q ij

au-deſſous de laquelle il y a deux trous qui donnent paſſage à l'air qui entre dans ſes poumons. Au-deſſous de ces naſeaux on voit une petite tache noire & deux cornes, dont chacune ſurpaſſe en longueur tout le corps de la Sauterelle. Ces cornes ſont très-menues, bien blanches & tranſparentes, chacune deſquelles eſt compoſée d'un ſi grand nombre d'articles, que je n'ai pû les compter, non-ſeulement à cauſe du mouvement rapide de la Sauterelle, mais auſſi à cauſe de la diminution extraordinaire qu'ils ont à meſure qu'ils ſe trouvent approcher de plus en plus de l'extrémité.

Sa bouche qui eſt fort grande, reſſemble aſſez à celle d'un petit agneau ; on la lui voit ouvrir & fermer de temps en temps, remuant les levres comme pour mâcher quelque choſe.

Son corps qui eſt de couleur d'ambre jaune, eſt compoſé de pluſieurs pieces mobiles & écailleuſes, à-peu-près ſemblables à celles qui couvrent le dos d'un cloporte ; on y remarque ſix pattes, chacune deſquelles eſt compoſée de trois piéces & d'autant d'articles très-mobiles. Ces pattes ſont ſuivies de dix ou douze petites rames toutes ſemblables à des plumes de certains oiſeaux ; leur uſage eſt de ſervir au tranſport de ce poiſſon, par le moyen des diverſes ſecouſſes qu'elles donnent à l'eau qu'elles pouſſent dans le temps qu'il y nage.

On voit ſouvent cet Inſecte marcher au fond de l'eau, & s'élever vers ſa ſurface par les diverſes ſecouſſes qu'il lui communique.

A meſure que la petite goutte d'eau qu'on a miſe ſur le porte-objet du microſcope, s'évapore, elle s'y épaiſſit ; & l'animal y trouvant alors plus de réſiſtance, y nage moins vîte, & donne plus de facilité de remarquer les mouvemens des poumons étendus tout le long de ſon corps : on les y voit avec beaucoup de plaiſir s'enfler & ſe deſenfler avec autant de régularité qu'on en peut remarquer dans les vibrations d'un pendule mis en mouvement.

Planche 15. Une ſeconde Sauterelle repréſentée diverſement ſur cette même Planche ſous les lettres *D*, *E*, *F*, eſt celle que M. Paris m'apporta un jour pour l'examiner * ; elle ne ſe trouve

* Celle qui eſt repréſentée au-deſſous de la lettre D, eſt vûe par le ventre.

pour l'ordinaire que dans les baffins de jardin , où il s'en voit de grandes , de moyennes & de petites ; les plus grandes femblent aux yeux nuds avoir environ trois lignes de lon- gueur: celle - ci eft une des plus petites & des plus tranf- parentes. On s'eft fervi pour l'examiner , d'une lentille d'une ligne & demie de foyer ; fa tête eft ornée de deux belles cornes fort longues , compofées de tant de par- ties & de jointures , qu'il eft très - difficile d'en compter le nombre : elles font auffi munies de poils d'un bout à l'autre. On apperçoit au-deffous de ces cornes deux petites ouver- tures qui peuvent paffer pour fes nafeaux ; un peu à côté on y remarque deux beaux yeux noirs : mais fi après avoir pris une lentille d'environ trois lignes de foyer , on incline le mi- crofcope , afin de faire tomber les rayons de lumiere fur le corps de l'animal , les yeux , de noirs dont ils étoient vûs auparavant , paroîtront d'un jaune - obfcur , & feront vûs couverts de cryftallins , de même que l'œil d'un petit mou- cheron. Son corps eft compofé d'environ dix à douze an- neaux , qui diminuent infenfiblement de groffeur depuis la tête jufqu'à l'autre extrémité de fon corps. Les fix pattes dont elle eft pourvûe, font divifées chacune par trois ou qua- tre articulations , & garnies de poils dans toutes leurs lon- gueurs. Ces pattes ont leurs infertions dans les trois anneaux qui font les plus proches de fa tête ; elles font chacune ter- minées par une petite griffe qui fert à s'accrocher le long des bords du baffin où on les pêche , comme on l'a remarqué plufieurs fois.

A chaque jointure des anneaux , depuis le quatrieme juf- qu'à l'onzieme inclufivement , on voit de petites nageoires compofées de houpes de poils qui font enfermées dans des membranes très - fines & tranfparentes , qui fervent à fon tranfport le plus commun , en les agitant avec une rapidité extraord naire. Elle a trois longues queues qui paroif- fent femblables à fes cornes , par le grand nombre de pieces , d'articles & de poils qui les compofent. Sa fituation la plus ordinaire eft d'être fur le ventre , foit qu'elle nage ou

celle qui eft repréfentée au deffous de la lettre *E* , eft vûe de côté ; & celle qui eft au deffous de la lettre *F* , eft vûe par le dos.

qu'elle marche fur le porte-objet du microfcope ; elle fe met fur le côté lorfque la goutte d'eau dans laquelle elle eft , commence à fe deffécher : c'eft dans cette fituation que l'on diftingue deux mâchoires , l'une fupérieure & l'autre inférieure, qu'elle ouvre de temps en temps , ce qui donne lieu d'appercevoir fes dents , & fa langue , qu'elle pouffe quelquefois au-dehors : la circulation du fang fe voit fort bien dans fes pattes , fes cornes & fa queue ; on la voit auffi des deux côtés de fon corps.

Il eft à-propos de faire remarquer à ceux qui auront de ces dernieres fortes de Sauterelles aquatiques , & qui feront bien-aifes de les conferver quelque temps , qu'il ne faut point remplir la bouteille pour fuppléer à l'évaporation qui s'en fera , car elles mourroient peu de temps après ; il les faut laiffer dans la même eau où elles ont été prifes , jufqu'à ce qu'elles meurent d'elles-mêmes , ce qui arrivera au bout de peu de jours.

CHAPITRE XLIX.

Du Limas aquatique trouvé dans une infufion faite d'un bouquet composé de plufieurs fortes de fleurs mifes dans de l'eau de riviere.

Planche 14. J'AI nommé le poiffon repréfenté au-deffous de la lettre *A*, *limas aquatique*, parce qu'il a à-peu-près la figure du limas terreftre , & qu'il nage dans l'eau. On le voit ici étendu de toute fa longueur, vû avec une lentille d'environ une ligne & demie de foyer ; il paroît rond , mais d'une rondeur inégale & fort irréguliere : il eft d'une belle couleur d'ambre jaune , plus claire vers la fuperficie de tout fon corps , qu'il ne l'eft au milieu , où l'on voit fes vifceres un peu plus bruns. Cet animal s'allonge & fe raccourcit fouvent dans toute l'étendue de fon corps ; quelquefois il n'étend & ne raccourcit que fa partie *f g h*. Toute fa tête paroît brillante , & remplie d'une infinité de petits corps en mouvement , que j'ai repréfentés par des points : fa partie extérieure eft munie de plusieurs petits corps ronds , & de très-petits poils que l'on n'apperçoit qu'avec peine , quoique la lentille dont je me suis servi pour examiner le tout , augmente l'apparence de l'objet environ cinquante-deux mille fois plus que nos yeux. Ses levres sont munies de poils , dont le mouvement rapide oblige tous les petits corps qui n'en sont éloignés que d'un pouce ou environ , d'entrer dans sa bouche pour servir de nourriture à cet insecte. Je nomme *limas* cet insecte , parce que tout son corps est composé d'anneaux musculeux qui se meuvent à tous les mouvemens qu'on lui voit faire.

Toute l'étendue *i k* est remplie de visceres de ce limas , dans lesquels on ne distingue aucune partie qui semble être séparée d'une autre. Le nager de ce poisson est si uniforme , qu'on n'y remarque aucune inégalité , si ce n'est qu'il tourne sa tête de côté & d'autre , suivant les divers lieux vers lesquels il veut se mouvoir.

Je n'ai remarqué aucune nageoire , aucune patte , ni queue , ni gouvernail , qui puisse servir à son transport ; son mouvement n'est ni trop lent ni trop prompt pour empêcher de découvrir exactement tout ce que j'en dis.

CHAPITRE L.

Description d'un nouveau Poisson que j'ai trouvé dans de l'eau du bassin de S. Magloire du Fauxbourg S. Jacques à Paris, qu'on peut nommer Chenille aquatique *.

CE nouveau Poisson , qui est vû représenté au-dessous de la lettre *B* , est bien différent de la seconde sauterelle aquatique dont j'ai parlé dans le chapitre 47. Etant vû des yeux nuds , il semble avoir environ deux lignes de longueur ; & lorsqu'on l'examine avec une lentille qui a un peu moins de trois lignes de foyer , il se fait voir sous une longueur d'environ trente-six à trente-sept lignes , sans y comprendre une espece de queue composée de plusieurs longs poils , & de deux espe- Planche 14.

---

* C'est le ver du cousin , dont l'Auteur a déjà parlé dans les chap. 36 & 37 : la figure en est gravée Planche 14.

ces de nageoires triangulaires qu'on peut facilement remarquer à ses côtés. Sa tête, qui a plus de hauteur qu'elle n'a de largeur, est très-mobile, tournant à droite & à gauche comme sur un pivot, se voit ornée de trois grands poils, de quatre cornes d'inégale longueur, de deux petits yeux noirs, & de quelques petites taches de même couleur; on la voit terminée par une assez grande bouche dont les levres sont mobiles; la supérieure est couronnée des trois grands poils dont je viens de parler, & de deux petites cornes faites de poils très-fins, pressés les uns contre les autres, & plus larges à leurs extrémités qu'ailleurs. Un peu en-deçà de ces petites cornes on en voit deux autres, chacune desquelles est composée de trois petites pieces mobiles, & d'autant d'articles ou de jointures : chaque extrémité est terminée par plusieurs petits poils d'inégale longueur, qui en font l'ornement.

Un peu au-dessous de ces dernieres cornes on y apperçoit deux petits yeux noirs, divisés, comme ceux de la sauterelle aquatique, en un très-grand nombre de crystallins, sans poils & sans paupieres. On voit entre ces yeux trois petites taches de même couleur, qui forment avec eux comme un arc de cercle; & au-dessous du milieu de sa concavité on en voit une quatrieme de figure triangulaire & de même couleur.

Sa poitrine qui est bien ample, forme comme un gros bourrelet, des côtés duquel, tant à droite qu'à gauche, on voit sortir des houpes de poils d'inégales longueurs & grosseurs, dont les plus grands sont munis d'un seul côté d'autres poils plus petits.

Au-dessous de cette poitrine on y voit huit autres especes de bourrelets irréguliers, moins hauts que larges, qui vont en diminuant de grosseur en s'en éloignant. À droite & à gauche de chaque bourrelet il y a deux petits mammelons d'où sortent de longs poils. Enfin la derniere partie de cette Chenille aquatique a beaucoup plus de hauteur que de largeur : cette partie est terminée par quantité de poils très-longs, à côté desquels on voit deux especes de queues blanches, aiguës, & fort larges vers leurs insertions, qui ressemblent à un triangle isoscele, dont l'angle du sommet est fort aigu.

Le

Le nager de cette Chenille s'exécute par les diverses secousses qu'elle communique à l'eau, en se servant du grand
nombre de poils qui l'environnent, & de deux especes de
nageoires qu'elle a à côté de sa queue.

La nymphe qui l'enveloppe totalement, est très-fine &
bien transparente; mais le milieu de toute la longueur de
son corps est si brun, que je n'en ai pû voir les visceres, ni
les divers mouvemens qui s'y font. Je me sens obligé d'avertir que ces sortes de Chenilles-ci sont si rares, qu'elle est la
seule que j'aye vûe jusqu'à présent.

CHAPITRE LI.

D'un Poisson que j'ai nommé Bélier, vû dans une eau croupie *.

BÉLIER est le nom que j'ai donné au Poisson que l'on
voit représenté au-dessous de la lettre *C*; sa tête est
ornée de deux grandes cornes élégamment contournées,
composées de plusieurs pieces bien articulées, qui diminuent
insensiblement de grosseur, & qui enfin se terminent en
pointes. On voit sortir de la partie supérieure & inférieure
de chaque jointure, plusieurs petits poils formant entr'eux
comme des aigrettes, dont les poils qui les composent diminuent de grosseur à mesure qu'ils se trouvent plus éloignés de
la racine des cornes, dont le contour est assez agréable à la
vûe. Il sort aussi de la tête deux petites cornes qui semblent
servir d'appuis aux deux cornes, parce qu'elles partent immédiatement de dessous les racines de ces mêmes cornes. Enfin
on voit partir du sommet de la tête de ce Poisson, une espece de trompe composée de trois pieces qui s'emboîtent
l'une dans l'autre, comme font les tuyaux d'une lunette d'approche. Cette trompe est peut-être une bouche allongée qui
sert de conduit aux alimens de ce Poisson, & à l'air qui est
poussé dans ses poumons.

Nous avons encore observé un très-petit corps rouge

* Je suis porté à croire par tout ce que dit l'Auteur, que c'est ici l'insecte dont
parle Leuwenhoeck n°. 288. Transf. Phil. & dans la 121e. de ses Lettres.

placé au milieu de la tête, entre les racines des deux grandes cornes ; mais nous n'avons pû deviner si ce petit corps est le cerveau de l'animal, qui ne paroit aux yeux nuds que de la grosseur d'un ciron ou environ. Le corps de cet insecte, tout petit qu'il est, se voit composé d'environ onze à douze anneaux tellement emboîtés les uns dans les autres, que les divers mouvemens de l'animal n'étoient point interrompus par les poils qu'on peut remarquer sortans des parties droite & gauche des articles de ce Poisson.

On voit sortir une queue fourchue de la partie inférieure du plus petit de ces anneaux, terminée par deux aigrettes faites de plus longs poils que ne sont ceux qu'on voit autour des deux fourchons. Mais ce qu'il y a ici de plus remarquable ce sont comme deux especes de grapes de raisin qu'on voit attachées par deux filamens un peu au-dessus de la racine de la queue de ce Poisson, & dont les grains sont autant d'œufs qui retardent la vîtesse de son nager, que nous avons vû augmenter immédiatement après leur séparation.

M. Ferrand, Conseiller au Parlement de cette Ville, & l'un des plus curieux & des plus célebres Microscopistes que je connoisse, a vû, comme moi, cette grape se séparer totalement de ce Poisson, les œufs quitter les grapes, & les petits éclorre, qui se mirent à nager dès le moment qu'ils furent sortis des œufs.

Enfin on remarque un vaisseau de couleur jaune, qui regne tout le long du corps de ce bélier, au-dedans duquel on apperçoit une matiere en mouvement, poussée de haut en-bas & de bas en-haut avec assez de régularité.

Fin de la seconde Partie & du Tome premier

A
B
B
B
B
D
C

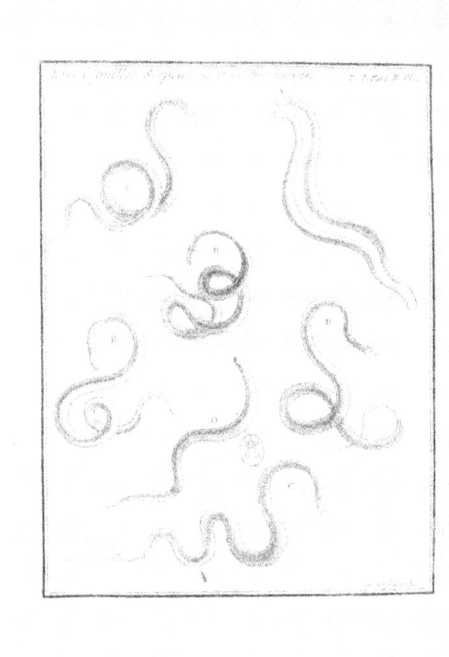

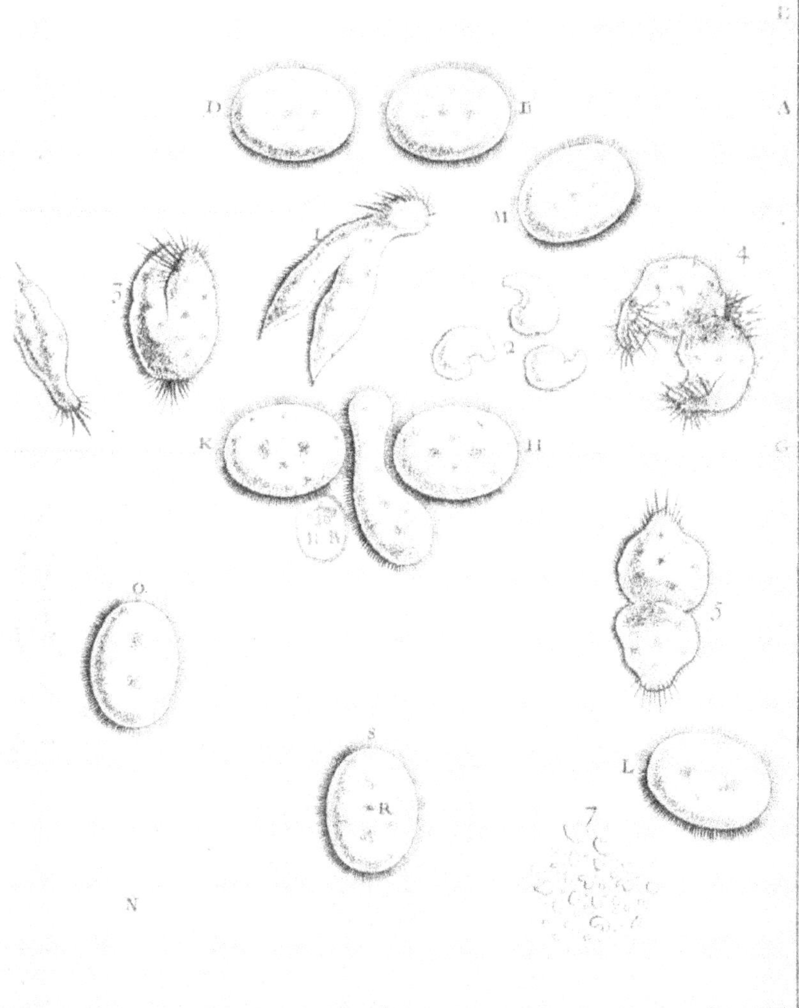
D
B
A
E
M
L
3
4
2
K
H
G
RR
O
5
S
R
L
N
Q

D
N
I
A
F
P
M
G
d
c
b
a
L
K
H
B
C
B
D
A

Des Animaux observez dans l'eau des huitres à l'escaille. Tom. I. Part. II. Pl. 4.
Et de ceux que l'on a vû dans des infusions d'œillets.

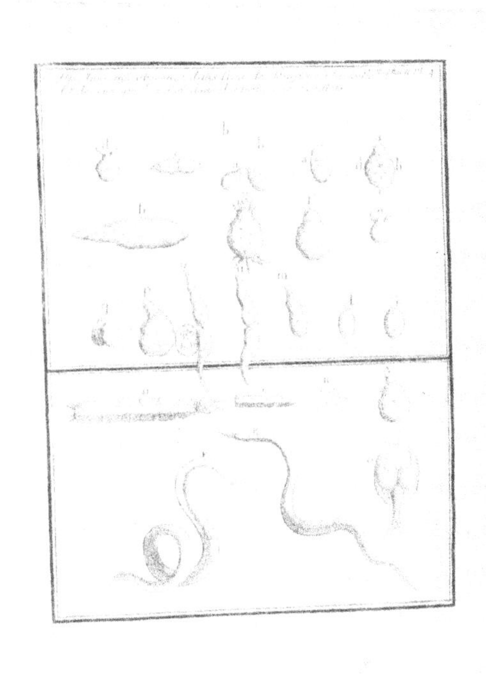

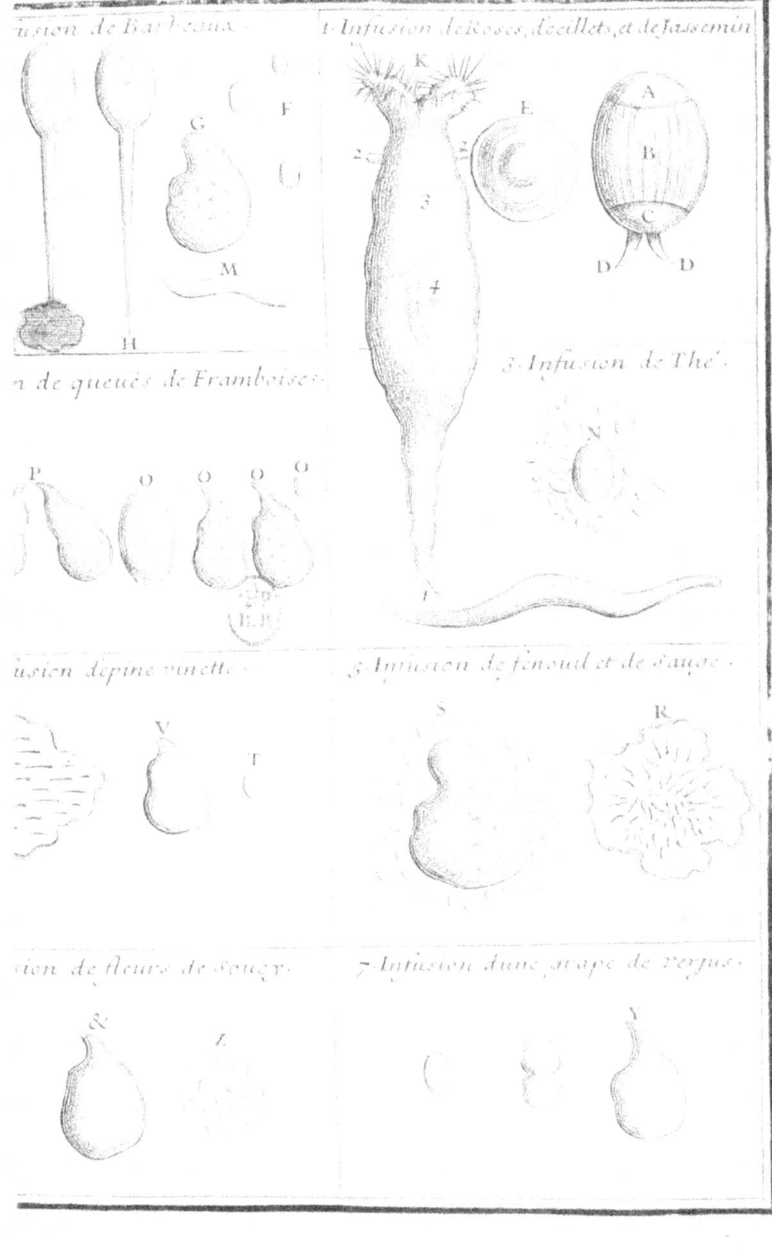
usion de Barbeaux.
1. Infusion de Roses, d'œillets, et de Jassemin
n de queuës de Framboises.
3. Infusion de Thé.
usion d'épine vinette.
5. Infusion de fenouil et de sauge.
sion de fleurs de Seugy.
7. Infusion d'une grape de verjus.

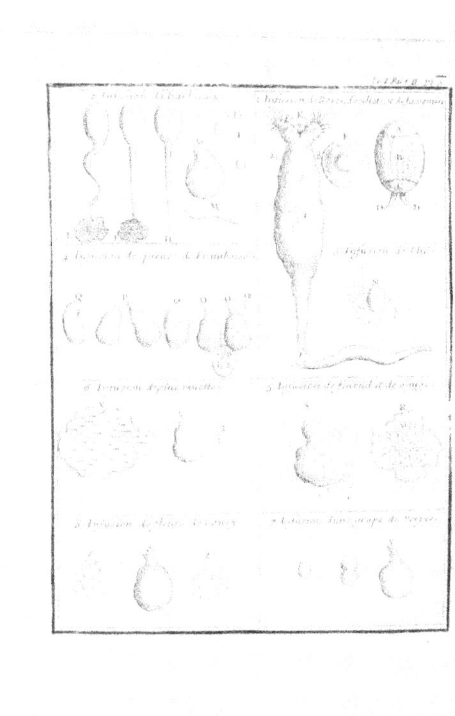

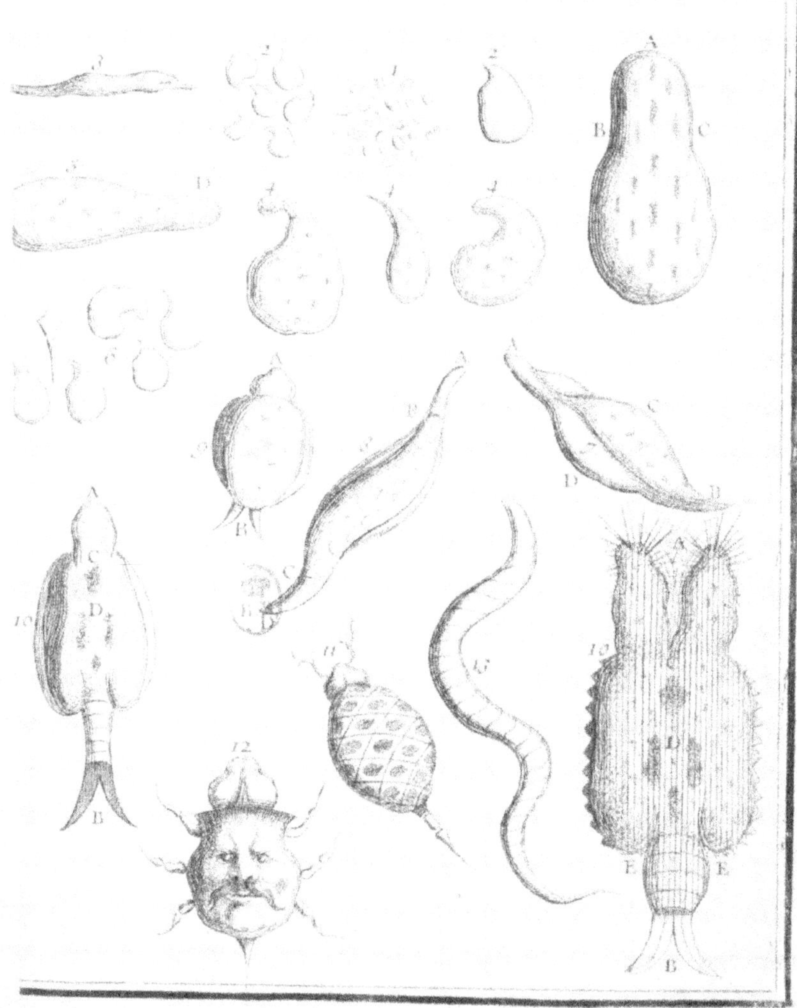

4.e Planche contient tout ce qui s'est vû de plus remarquable
dans neuf sortes d'infusions.

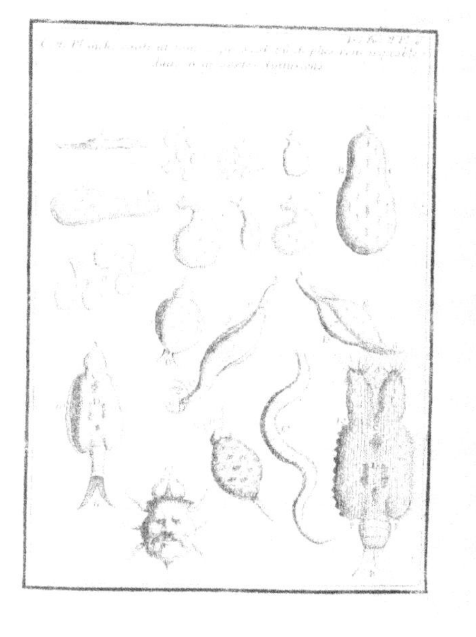

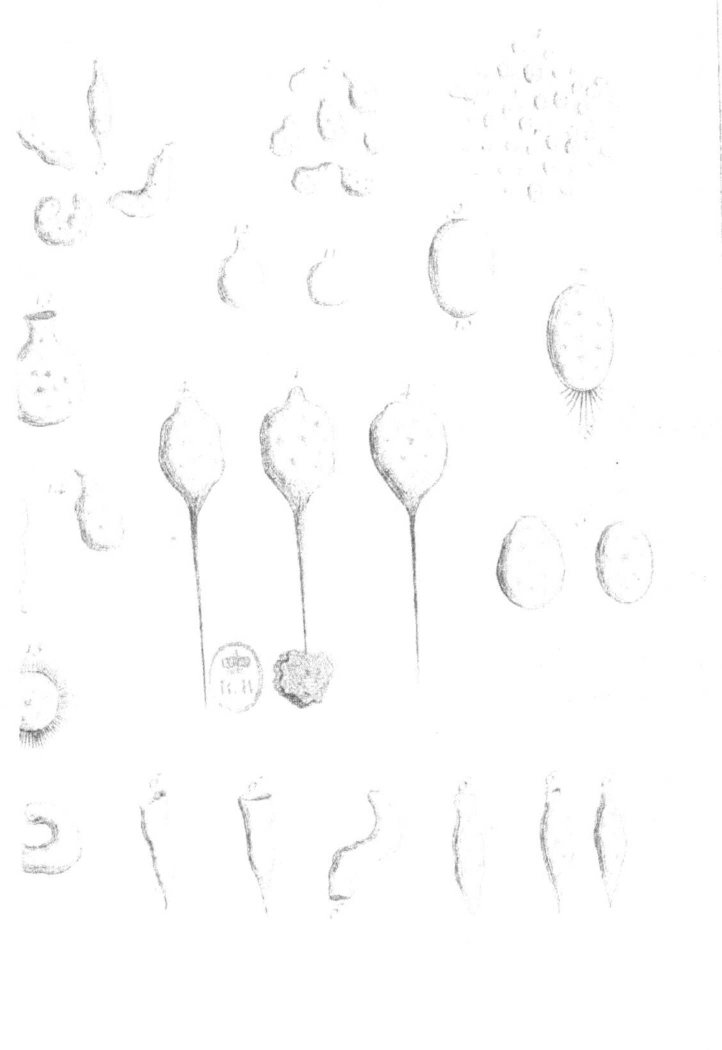

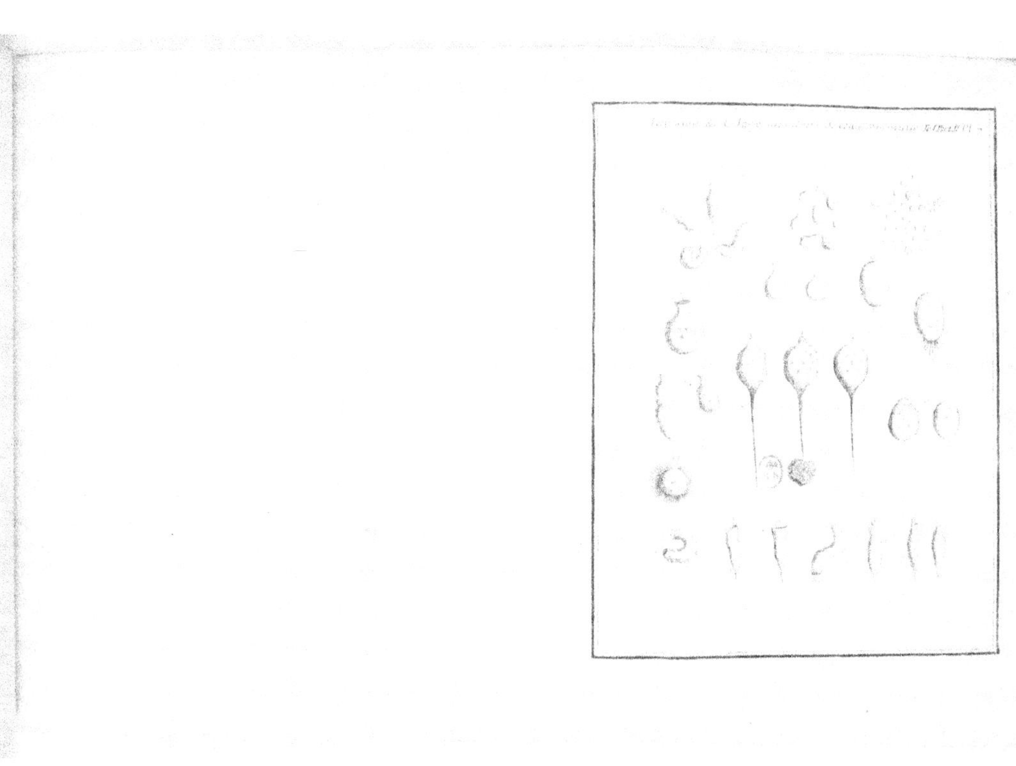

Infusion de paille et débris de bled.
T. I Part II Pl 8.

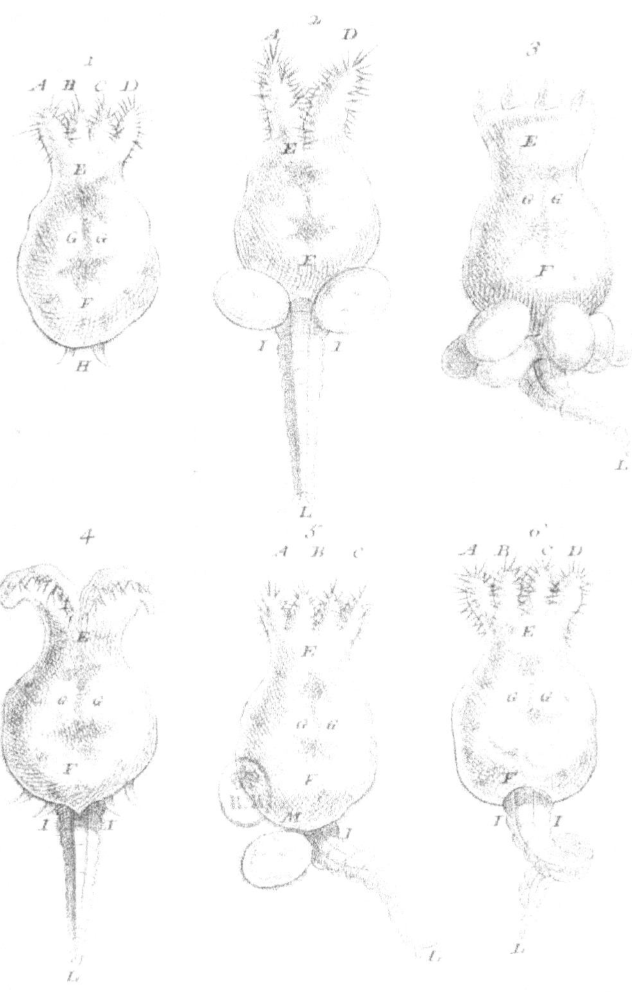
1
A B C D
E
G G
F
H

2
A D
E
F
I I
L

3
E
G G
F
I

4
E
G G
F
I I
L

5
A B C
F
G G
F
M
I
L

6
A B C D
E
G G
F
I I
L

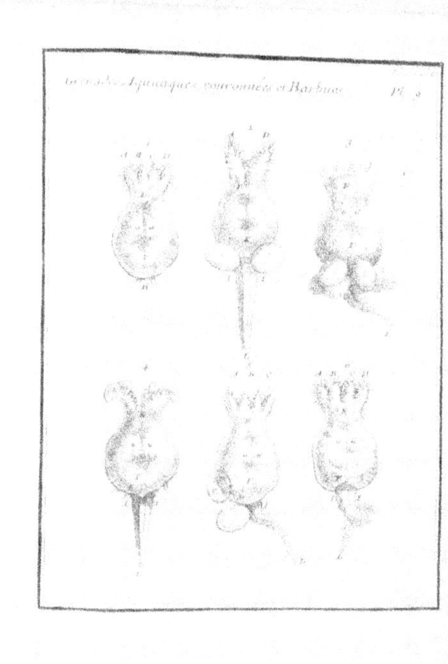

Grenades Aquatiques couronnées et Barbues
Pl. 5

Infusion d'écorce de bois de Chesne.   T. I. Part. II. Pl. 10.

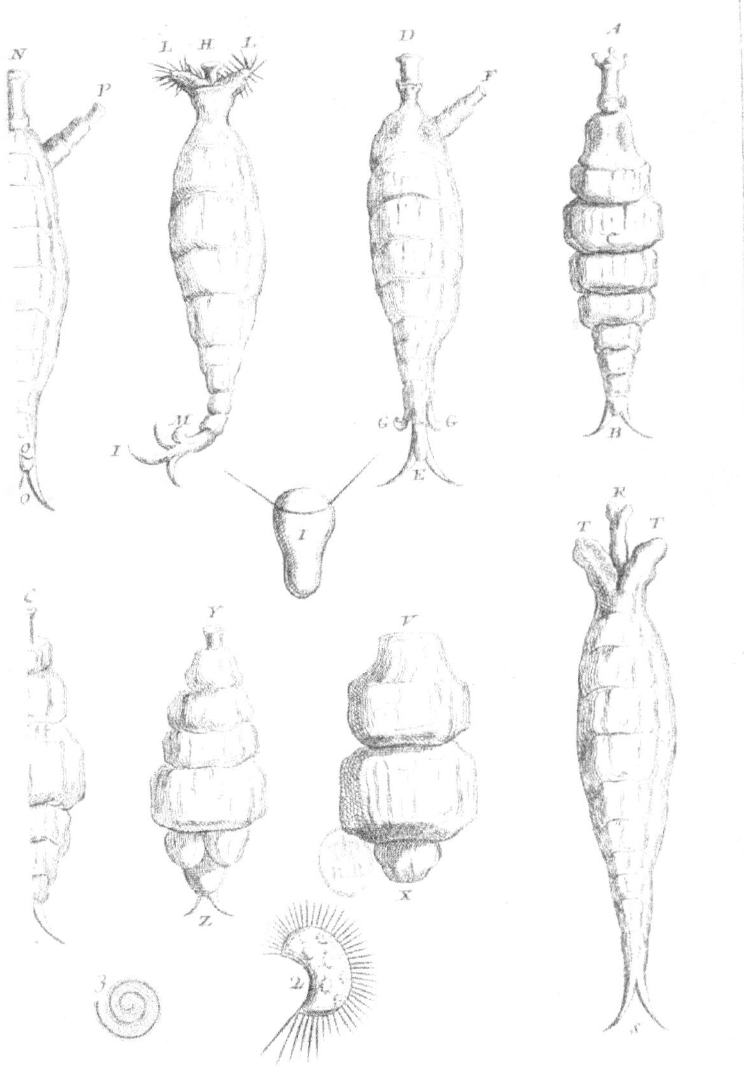

ite des Animaux trouvéz dans l'infusion
de l'écorse de bois de Chesnes
To. I. Part. II. Pl. 11.

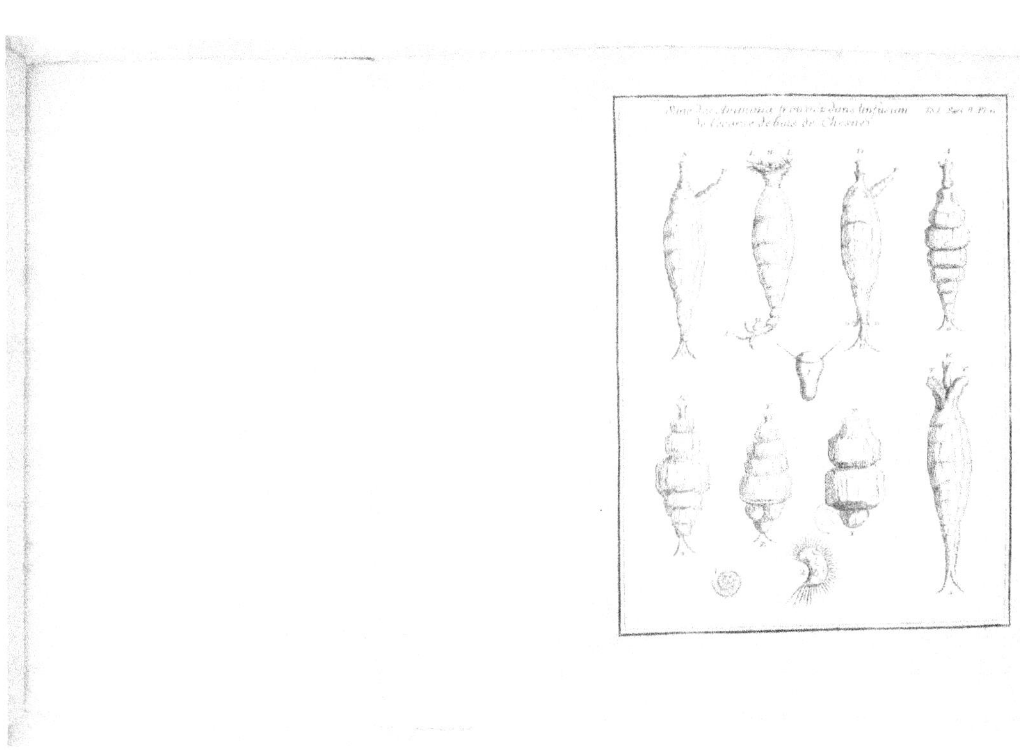

...ns trouvez dans une infusion a froid d'ecorce

de bois de chesne neuf

...ns trouvez dans une infusion a froid d'ecorce

de bois de chesne neuf

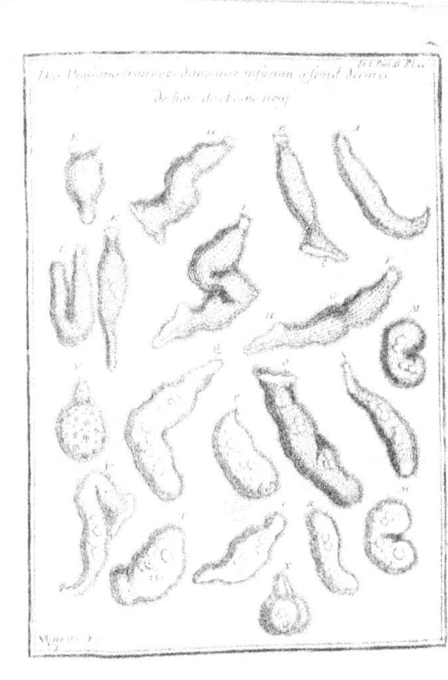

Tab. Part II. Pl.
Des Poissons trouvés dans une infusion d'eau de vie
de bois de chêne neuf

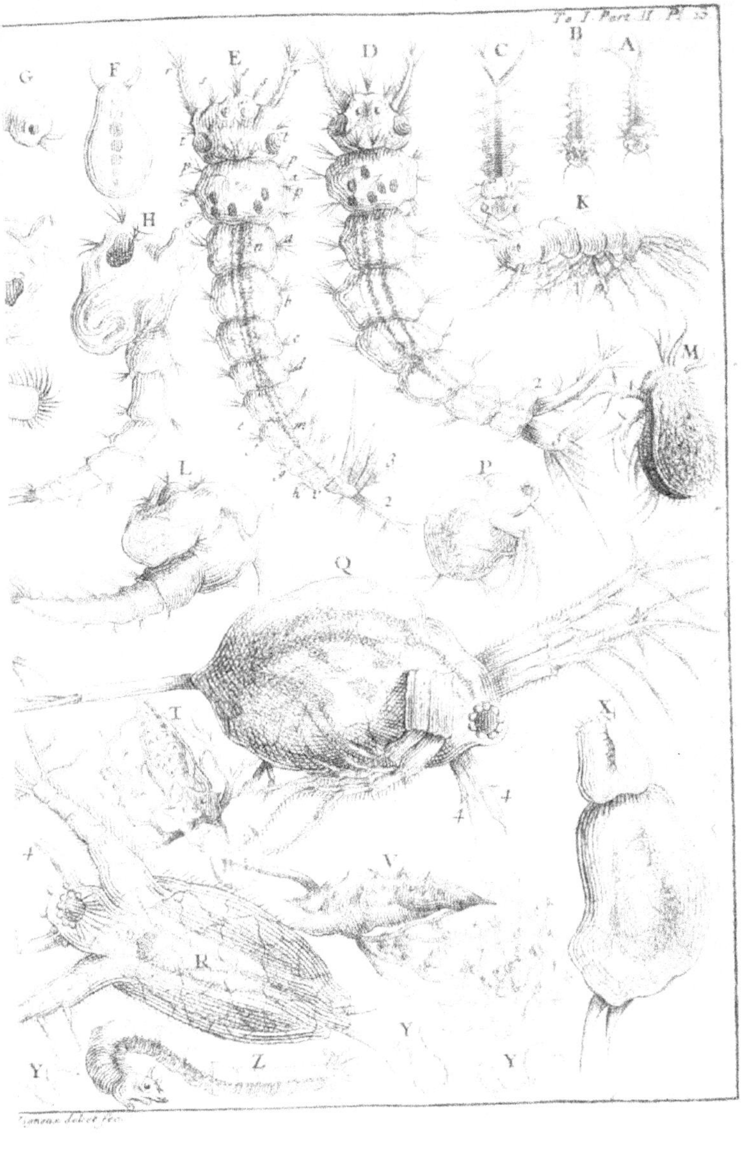
To. I. Part II. Pl. 15
A
B
C
D
E
F
G
H
K
L
M
P
Q
T
X
V
R
Y
Z
Y
Y
yonnet del et fec.

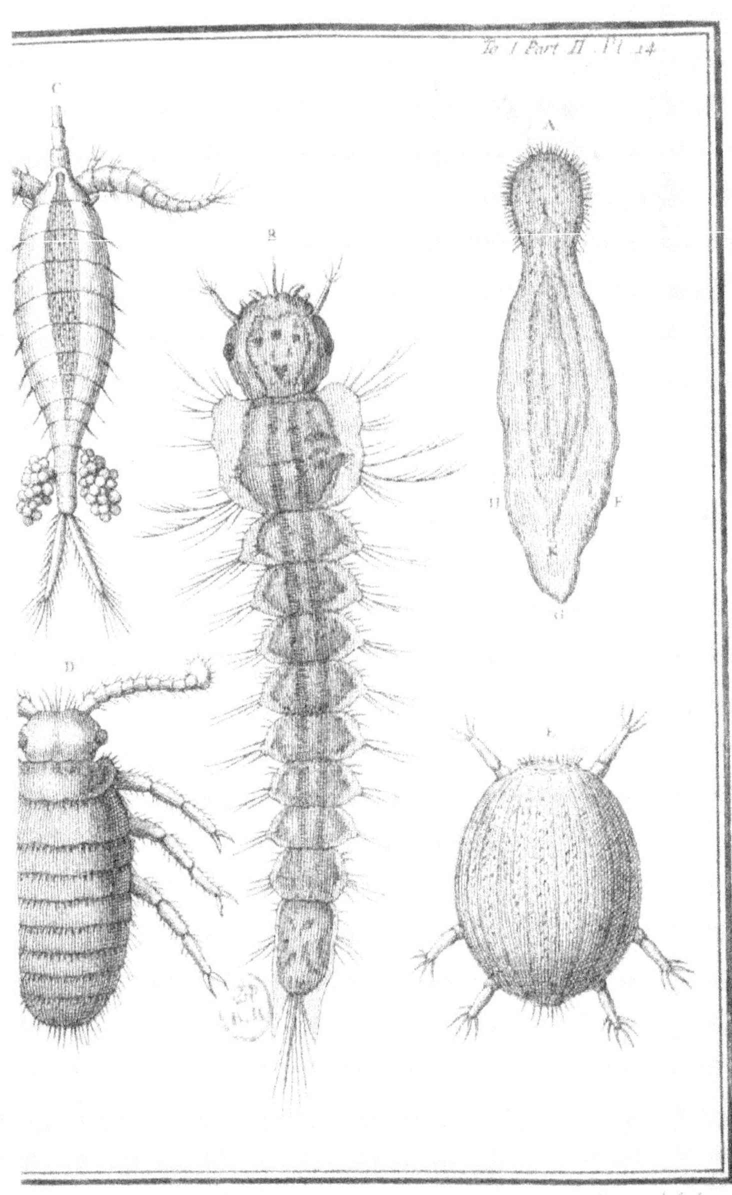

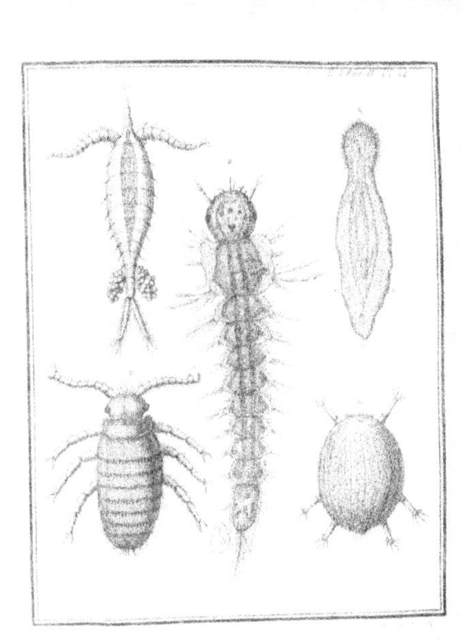

Des Sauterelles aquatiques
To. I. Part. II. Pl. 15.

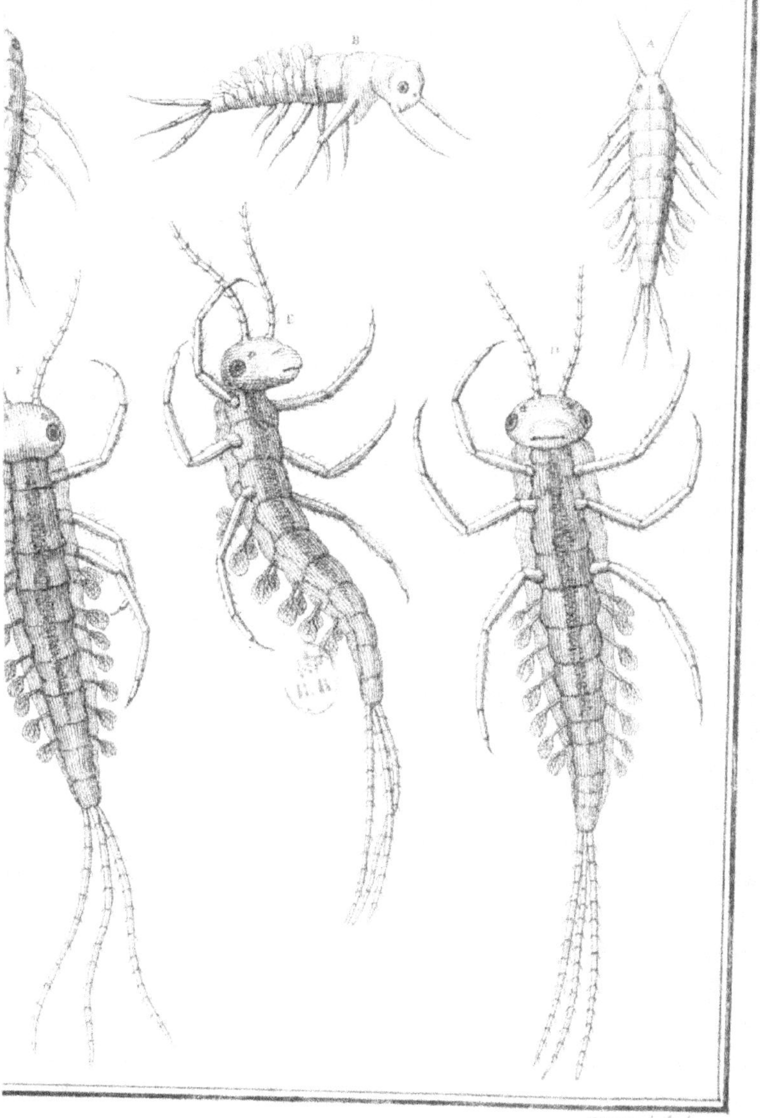

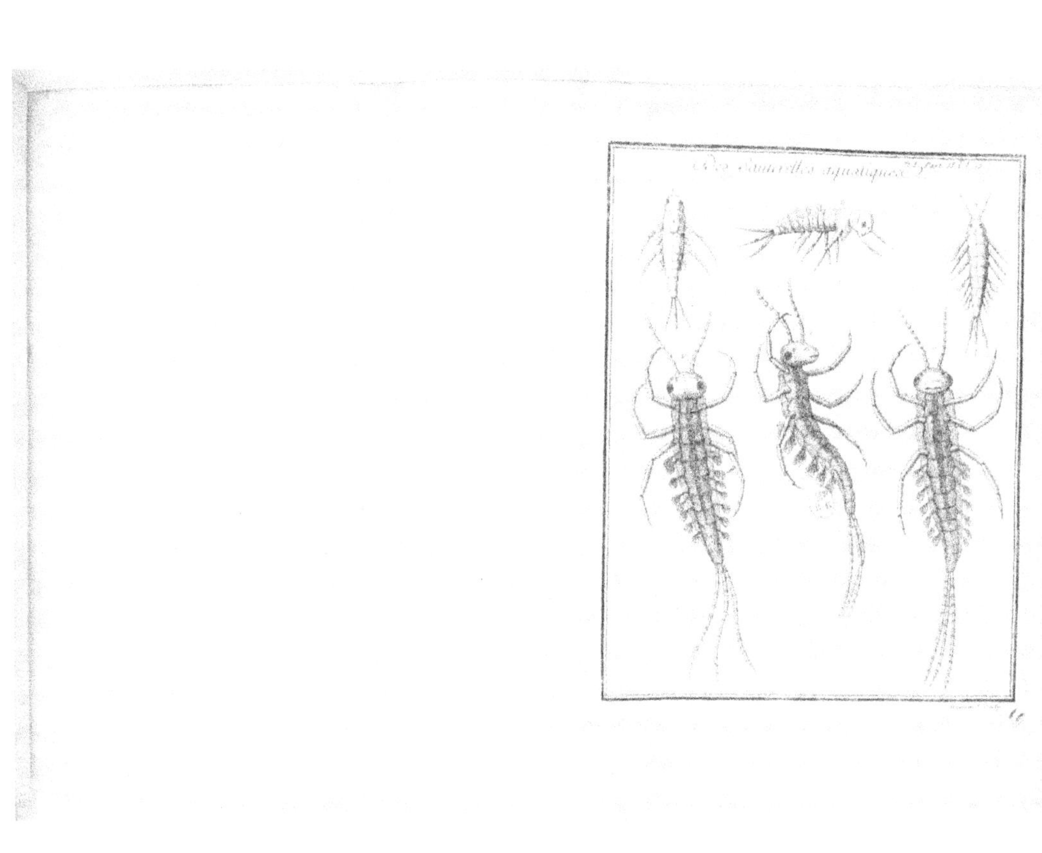
Les Sauterelles aquatiques